마음이
무너질
때마다

책을
펼쳤다

마음이 무너질 때마다 책을 펼쳤다

초 판 1쇄 2023년 04월 20일

지은이 유정미
펴낸이 류종렬

펴낸곳 미다스북스
본부장 임종익
편집장 이다경
책임진행 김가영, 신은서, 박유진, 윤가희

등록 2001년 3월 21일 제2001-000040호
주소 서울시 마포구 양화로 133 서교타워 711호
전화 02) 322-7802~3
팩스 02) 6007-1845
블로그 http://blog.naver.com/midasbooks
전자주소 midasbooks@hanmail.net
페이스북 https://www.facebook.com/midasbooks425
인스타그램 https://www.instagram/midasbooks

ISBN 979-11-6910-212-4 03190

값 **15,000원**

미다스북스는 다음세대에게 필요한 지혜와 교양을 생각합니다.

흔들리는 나를 붙잡아준 문장들

마음이
무너질
때마다

유정미 지음

책을
펼쳤다

미다스북스

더 오래도록,

더 현명하게
책을 읽기 위하여

어릴 때부터 재능 이야기를 하면 자꾸 작아지는 나를 느꼈다. 어떤 문제에는 항상 정답이 있는 것만 같았고, 정답에 가깝지 못하다고 생각하면 포기해 버렸다. 포기하는 태도는 나에게 적잖은 스트레스가 되어 돌아왔다. 내가 잘하는 건 뭐가 있을까? 수없이 생각해 보아도 도무지 생각이 나지 않았다. 잘하는 게 없다면, 놓지 않고 꾸준히 하는 건 무엇일까? 딱 하나 있었다. 바로 책 읽기. 책 읽기만은 꾸준히 해왔던 것 같다.

요즘 SNS, 유튜브에는 책을 잘 읽는 것만으로도 돈을 버는 사람들이 넘쳐난다. 잘한다는 건 그것으로 돈이 되어야 한다고 생각했다. 나의 책 읽기는 돈이 되지 못했다. 그렇다고 나에게 책이 주는 가치가 떨어졌던 건 아니다. 마음이 힘들고 괴로울수록 더욱 책 앞으로 바짝 다가갔다. 책만이 내가 누릴 수 있는 최고의 사치일 때도 있었다. 아이가 어릴 때, 아이를 눈여겨보지 않고 책에 몰입하는 엄마의 모습은 이기적인 모습일 수도 있다. 그래도 그것만이 나를 위로했기에 놓을 수가 없었다. 틈이 나는 대로 읽고, 썼다. 나를 위한 절대적인 수단이기도 했다.

책을 꾸준히 읽었을 뿐이었다. 숫자로 표현할 수 없는 많은 감정을 책에 실린 활자에 흐르듯 날려 보냈다. 책에 있는 말들이 때론 위로가 되고, 때론 더 큰 화가 되어 돌아오기도 했다. 책은 늘 나를 생각하게 했다. 긍정적인 마음은 긍정적인 대로, 부정적인 마음은 부정적인 대로, 나의 지나온 시간을 단단하게 버티도록 해주었다.

하루는 쳇바퀴 돌 듯 꾸준히 돌아간다. 시간의 부지런함을 쫓으려면 나 역시 부지런한 시간의 쳇바퀴에 올라타야 한다. 일상의 시간표 너머에 있는 그 무엇들을 동경했던 것 같다. 평범한 가정에서 자란 나는 더 넓은 식견을 갖게 해주는 여행을 자유롭게 다닐 수 있을 만큼의 부(富)가 없었다. 결혼해서도 마찬가지였다. 큰마음 먹고 시간을 쪼개야 겨우 여행에 시간을 투자할 수 있었다. 그렇지만 책은 언제 어디서든 펼치기만 하면 내가 동경한 것들을 간접 경험할 수 있게 허락했다. 책에 나오는 한 문장, 한 문장이 마음이 무너질 때마다 나를 일으켰다. 매력적이었다. 책이 아니었다면 내 마음의 성장과 안식을 무엇으로 기댈 수 있었을까? 그래서 책이 고맙다.

책 읽는 일은 나에게 전문가라는 타이틀을 선물해 주었다. 아이들과 책 읽고, 이야기 나누며 글을 쓰는 일은 나의 직업이 되었다. 나의 오랜 독서 경력은 학생들에게 간접 경험의 기회를 주는 역할을 했다. 내가 가진 어떤 것이 타인에게 도움이 된다니 참으로 보람된다. 더 오래도록, 더 현명하게, 책이 주는 이로움을 누리고자 한다. 나뿐만이 아니라 내 주변에 있는 많은 사람이 책에서 선한 영향력을 듬뿍 얻길 바란다.

2023년 4월, 유정미

목차

2장 책을 펼치며 마음을 다독이다

3장 책은 영혼을 달래 주는 소울푸드다

4장 내 삶의 주인이 되게 하는 책 읽기

5장 독서로 희망의 꽃을 피우다

1장

좌절의 동굴에

숨고 싶을 때

1

남친 집에 처음 간 날 생계형 맞벌이를 예감하다

희망을 갖는다는 것은 실망의 위험을 감수하는 일이다.
시도한다는 것은 실패의 위험을 감수하는 일이다.
하지만 우리는 반드시 모험을 해야 한다.

- 『살며 사랑하며 배우며』, 레오 버스카글리아 -

남자친구(현재의 남편)와 사귄 지 5년쯤 되었을 때다.

"우리 집에 갈래? 결혼하기 전에 부모님 한번 봬야 할 것 같아
서…."

남자친구는 평소 책임감 있고, 현실적인 사람이었다. 쓸데없는 소
비는 하지 않았고 월급을 차곡차곡 모아 스스로 결혼 자금을 마련하

려고 노력했다. 주변에 부모님의 경제력에 기대어 결혼하려는 사람이 많았는데 결혼 자금을 스스로 해결하려고 애쓰는 모습이 멋져 보였다. 콩깍지가 단단히 쓰인 탓이었으리라.

남자친구와 사귄 지 5년이 지나도록 남자친구 집에 가 본 적이 없었다. 남자친구가 집에 초대하지도 않았고, 굳이 내가 가 보자고 하지도 않았다. 남자친구를 처음 만났던 나이가 20대 초반이었으니 결혼을 생각하기에 이른 나이였다.

시간이 흘러, 남자친구도 자신의 나이가 서른에 가까워지자 이제 결혼해야겠다는 생각을 한 것 같다. 헤어진다는 생각은 하지 않은 채 시간이 흘렀으니 결혼은 어쩌면 당연하다고 생각했는지도 모른다. 나는 남자친구의 '우리 집에 가자'는 말에 조금의 망설임도 없이 그러자고 했다.

방 두 개, 좁은 화장실, 부엌과 연결된 작은 거실, 가족 모두가 모이지 않아도 복잡해지는 작은 집…. 남자친구의 집에 관한 나의 첫인상이다. 남자친구의 부모님은 평생 양보와 배려가 몸에 배어 있는, 선한 인상을 풍기는 분들이었다. 집 안의 가구와 가전제품을 보니 절약 정신과 검소함이 어느 정도인지 알 수 있었다. 남자친구가 평소 왜 쓸데없는 곳에 돈을 쓰지 않았는지 알 것 같았다.

"우리 집이 좁아서 놀라지 않았나 몰라. 우리는 30년 동안 이 집
에 살았어요. 우리 애가 여자 친구를 데리고 온다고 말한 게 처음이
라 많이 기대하고 있었어. 우리 앞으로 잘 지내봐요."

남자친구의 어머니는 따뜻한 미소로 나를 반기시며 말씀하셨
다. 남자친구의 부모님을 뵙기 전에는 괜히 마음이 들뜨고 긴장되
어 손, 발이 차가워지기까지 했다. 막상 부모님의 얼굴을 뵈니 긴장
이 살짝 풀리는 듯했다. 남자친구의 부모님은 남자친구의 어릴 때
모습이 담긴 앨범을 보여주셨다. 남자친구의 집에 처음으로 방문한
어린 처자의 긴장된 마음을 조금이나마 풀어주시려고 오래된 앨범
을 꺼내셨을 것이다. 남자친구의 부모님은 사진을 보여주시며 사진
에 얽힌 추억들을 말씀해 주셨다. 사진을 한참 보다가 거실 벽을 둘
러보았다. 거실 벽에는 유난히 액자가 많이 걸려 있었다. 남자친구
의 가족들 모습이 담긴 사진이었다.

"30년 동안 움직이지 않고 한 집에만 살다 보니 벽에 사진만 늘

어. 이사 가야 집이 정리될 텐데 말이야."

남자친구의 아버지는 멋쩍게 웃으시며 말씀하셨다.

우리 집은 내가 어릴 때부터 이사를 많이 다녔다. 사진을 벽에 걸면 이사할 때 일이 많아지니 벽에 액자를 걸지 않았다. 가족사진으로 가득 채워진 남자친구의 거실 벽을 보니 왠지 모를 따뜻함이 느껴졌다.

나의 엄마는 평생 일을 하셨다. 집에 가면 항상 엄마가 없었고, 엄마는 늦은 저녁에야 집에 왔다. 집에 가면 언제나 엄마가 해주는 따뜻한 밥이 기다리는 것을 동경했다. 그 밥을 먹는 동안 오늘 하루 있었던 일을 엄마에게 재잘거리며 투정 부릴 수 있는 친구들이 늘 부러웠다. 남자친구의 어머니는 1년 남짓한 기간을 빼고는, 평생 전업주부로 사셨다고 했다. 어머니와 이야기를 나누어 보니 어머니는 내가 어릴 때 그토록 부러워하던 엄마로 사신 것 같았다. 언제라도 집에 들어가면 엄마의 따뜻한 미소와 온기가 담겨 있는 집, 남자친구의 어머니를 보며 나에게도 그런 집이 생길 수 있지 않을까 하는 기대가 어렴풋이 피어올랐다.

'이런 분이 나의 시어머니가 된다면 어떨까? 시어머니에게 내 엄마 같은 따뜻한 사랑을 받을 수 있다면, 더 행복한 삶을 살 수 있을 것 같아.'

남자친구의 부모님을 뵙고 난 후 1년 뒤, 나는 남자친구와 결혼했다. 겁도 없이 출구가 없는 깊은 숲속으로 뛰어들었다. 푸른 나무가 우거진 숲속을 멀리서만 바라보고, 그 아름다움에 반해 불쑥 발을 들여놓았다. 깊은 숲속에 들어가 질퍽한 땅과 축축함이 온전히 내 발끝에 전해지고 나서야 이 숲속에 들어온 것이 고생길의 시작이었다는 것을 알게 된 것이다. 고난의 연속인 생계형 맞벌이가 예약되어 있는 줄은 꿈에도 모르고.

1+1으로 출근해도 되나요?

의도하는 건 행동하는 사람과
받아들이는 사람의 책임이 반반씩 따른다.

- 「잘 될 수밖에 없는 너에게」, 최서영 -

염치의 사전적 의미는 체면을 차릴 줄 알며 부끄러움을 아는 마음이다. 결혼 후에도 나는 계속 일을 해야 하는 상황이었다. 내가 일하는 동안 아이를 어린이집에 맡겨야 했으니 내가 늦은 시간까지 일하고, 남편도 늦게 퇴근할 때는 어린이집 신세를 많이 졌다. 그때 내 염치의 수준은 가장 밑바닥에 내려앉아 애꿎은 바닥만 긁고 있을 때였다.

첫아이를 낳고 아이를 키우다가 한 재취업은 그리 어렵지 않았다.

아이가 한 명이니 교대 근무하는 남편과 시간을 맞추면 파트타임 학원 강사 일을 할 수 있었다. 문제는 둘째를 낳은 이후였다. 아이 한 명을 키우는 것과 두 명을 키우는 것의 노동 강도는 두 배가 아니라 서너 배가 더해진 느낌이었다. 게다가 맞벌이를 해야 하는 상황이니 더욱 힘들게 느껴졌다. 아이와 함께 출근할 수 있는 방법을 찾아야 했다. 아이와 가까운 곳에서 일하는 방법은 어린이집과 학원이 한 건물에 있는 곳을 찾는 것뿐이었다.

내가 사는 집과 가까운 곳에서 학원 강사 채용 공고가 떴다. 1층에는 어린이집이고 2층에는 학원인 곳이어서 둘째 아이를 맡기고 일하러 가면 되겠다는 계산을 했다. 학원은 걸어서도 출근이 가능한 장소에 있어서 채용만 된다면 나에게 딱 맞는 조건이었다. 망설임 없이 채용 공고가 난 학원에 전화해서 원장 선생님과 면접 약속을 했다. 학원과 가까운 곳에 산다고 하니 원장 선생님도 바로 면접을 봤으면 좋겠다고 했다. 서둘러 준비해서 학원으로 갔다. 원장 선생님은 나를 반갑게 맞아 주셨다.

"선생님 이력서를 보니 경력이 꽤 많네요. 아이가 두 명이나 있는데 쉰 기간도 짧고요. 지금 계신 선생님이 사정이 있어서 빨리 그만두어야 하는데 선생님, 다음 달부터 수업 가능하겠어요?"

찬밥, 더운밥 가릴 처지가 아니었기에 원장 선생님의 제안에 출근하겠다고 했다. 집에 와서 남편에게 취업이 되었다는 이야기를 전했다. 취업이 된 건 좋지만 둘째 아이를 맡길 수 있는 어린이집을 찾아야 했다. 둘째는 아직 두 돌이 되지 않은 상황이었다. 그동안 내가 일하러 가면 근처에 사는 큰언니가 잠깐씩 아이를 봐주었는데 언니도 일하러 가게 되어서 이제는 봐줄 수가 없게 되었다. 미리 생각해둔 대로 채용된 학원 건물에 있는 1층 어린이집에 빈자리가 있는지 알아보았다. 알고 보니 1층 어린이집 원장님과 내가 채용된 학원 원장님은 부부였고, 그 건물 3층에는 원장 선생님 부부가 사는 집이었다.

미리 1층 어린이집에 둘째를 맡기면 되겠다고 생각하고 있었지만 깊이 생각해 보니 서로 불편한 상황이 생길 것 같아 많이 망설였다. 한편으론 학부모가 되고, 한편으론 직원이 되는 애매한 관계를 잘 이어갈 수 있을지 걱정되었기 때문이다. 더구나 아이가 많이 어렸기 때문에 더 마음이 쓰였다. 채용 관계로 얽힌 사이가 아니라면 좀 더 편하게 부탁할 수 있는 부분도 입장에 따라 불편해질 수도 있다. 이런저런 걱정거리가 산더미지만 아이를 가까이 두고 일하는 방법을 택했다. 무엇보다 아이가 아플 때 당장 뛰어갈 수 있는 거리에 있는 것이 제일 마음 편한 길이라고 생각했다.

"원장님, 저희 둘째 아이가 곧 24개월이 돼요. 혹시 저희 아이가 들어갈 반에 자리가 있을까요?"
"어머, 선생님 마침 그 반에 자리가 있어요. 저희도 아이들 모집 중이었는데 잘 되었네요. 선생님과 아이가 함께 와 준다면 저는 더할 나위 없이 좋겠어요."

요즘 마트에 가면 1+1, 2+1으로 묶어 놓고 파는 물건들이 많이 보인다. 묶음 판매이니 할인도 꽤 된다. 어떨 때는 단품으로 팔 때보다 비싼 가격으로 책정되어 소비자들에게 쓴소리를 듣기도 한다. 내가 학원에 출근하는 날부터 마트의 그 물건들처럼, 때론 환영받고, 때론 눈칫밥 먹는 생활이 시작되었다. 첫째 아이는 유치원 차를 타고 내가 일하는 학원으로 하원했다. 학원에 오면 수강생이 되어 저녁 시간까지 학원에 머물렀다. 둘째 아이는 1층 어린이집에 있다가 아빠가 일찍 퇴근하는 날에는 아빠가 데리고 가고, 늦게 퇴근하는 날에는 내가 퇴근할 때까지 어린이집에서 기다렸다가 나와 함께 퇴근했다.

아이와 함께 출근길에 오르는 엄마들을 종종 본다. 아이를 낳기 전, 홀가분하게 다닐 때와는 차원이 다른 출근길일 것이다. 그런 워킹맘에게 말해 주고 싶다. '언젠가 나도 그럴 때가 있었지.' 하며 1+1 출근길에서 벗어날 순간이 머지않아 온다는 것을.

서로를 위로하는 전업주부와 워킹맘

사랑하지만 부담스러운 그런 미묘한 지점들에 우리는 흔히 서 있고
우리의 만남은 대체로 어느 정도 조심스럽다.

-「아름다운 나의 할머니」, 심윤경 -

이른 아침, 아이들을 학교에 보내 놓고 동갑내기 친구들과 자주
커피를 마신다. 전업주부와 워킹맘이 섞여 있는 친구들을 만나면
대부분 편안한 대화를 나눈다. 하지만 가끔은 대화가 위태로워질
때가 있다. 전업주부와 워킹맘 사이에서 느껴지는 오묘한 신경전이
라고 할까? 누구나 자신의 위치가 가장 힘들다고 생각한다. 때론 상
대적인 박탈감도 느끼며 서로 비교하기도 한다. 정답은 없다. 서로
의 입장에 따라 관점 차이가 있을 뿐이다.

나는 워킹맘에 속한다. 보통의 직장인처럼 '9 to 6'에 속하진 않는다. 아이들을 가르치는 일을 하고 있으니 하교 시간이 나의 출근 시간이 된다. 비교적 오전 시간은 자유롭다. 나에게 저녁 6시 퇴근은 꿈같은 거다. 중 · 고등학생들의 시간에 맞추려면 적어도 밤 9시 ~10시까지는 일해야 한다. 하루 중 내가 주부로 머무는 시간은 오전 시간뿐이다. 출근 전까지 집안일을 모두 해놓고 가야 하니 분 단위로 쪼개어 산다. 살림도 해야 하고, 일도 해야 하고, 공부도 해야 하는, 워킹맘의 삶은 고달프다.

전업주부의 삶이 편안한 건 절대 아니다. 전업주부는 일과가 모두 가족에 맞춰져 있다. 아이 하교 시간, 아이를 학원에 데려다주고 데리고 오는 시간, 틈틈이 간식, 숙제, 열심히 해도 표시 나지 않는 집안일 모두 전업주부의 몫이다. 집 안에서 벌어지는 많은 노동을 감당하고도 당연한 것일 뿐, 누구도 그것을 가치 있게 봐주지 않는 경우가 많다. 그래서 전업주부의 삶도 고달프다.

워킹맘과 전업주부는 각자 맞추어야 할 과녁이 다르다. 워킹맘은 집안의 문제보다 일에 얽힌 문제를 해결하는 것으로 더 많은 에너지를 쓴다. 알아 두어야 할 것도 많고 일로 인해 배워 두어야 할 일도 많다. 그래서 더 먼 곳에 과녁의 초점이 있다. 반면 전업주부는 가족 주변에서 일어나는 일들을 해결해야 한다. 본인만의 문제가 아니라 가족 전체를 챙기는 입장이니 먼 곳보다 가까운 곳에 있는 과녁에 힘을 쏟는다. 워킹맘과 전업주부는 누가 더 힘들고, 덜 힘들고의 차이가 아니라 서로의 관점이 다른 것뿐이다.

일터에 나가기 전, 친구들을 만나 시시콜콜한 얘기부터 심각해지는 고민까지 마음에 있는 이야기를 양껏 풀어내고 나면 한결 가벼운 기분이 된다. 나는 친구들에게 살림에 관한 고충을 이야기한다. 친구들은 나에게 살림의 지혜를 많이 이야기하는데 그 지혜를 전수해 내 살림에 적용해 보면 바쁘게 돌아가는 내 시간이 단축되기도 한다.

내가 하는 일이 공부와 연관된 일이다 보니 공부는 평생 놓을 수 없는 숙제와 같은 존재가 되었다. 이쯤 되니 다른 사람의 강의를 수강하는 것, 여러 세미나에 참석하는 일을 즐기게 되었다. 배움의 기쁨을 이제야 맛보았다고 해야 맞는 것 같다. 적게는 1만 원부터 많게는 수백만 원에 이르는 수강료를 마다하지 않는다. 그 배움이 당장 내 삶에 가난을 경험하게 할지라도, 언젠가는 어떤 식으로든 돈으로 돌아올 순간이 있다는 걸 알고 있기에 전혀 아깝지 않다. 친구들은 아이와 남편에게 쓰는 돈은 아깝지 않은데 자신에게 쓰는 돈은 아깝게 느껴진다고 했다. 그런 생각을 하는 본인이 미워질 때도 있는데, 정해진 돈과 시간 앞에서는 자신을 조금씩 포기하며 사는 것이 가족을 위한 최선의 선택이라고 했다. 어디에 중점을 두든 결과는 모두 본인이 감당해야 할 몫이다.

전업주부 친구들은 내가 살림이 엉망이라고 고민을 털어놓을 때면 맛있는 반찬을 뚝딱해서 나의 고민을 해결해 준다. 나는 친구들의 반찬통을 채워줄 수 있는 능력이 없다. 친구들에게 맛있는 커피를 한 번씩 사는 것으로 그 은혜를 보답하곤 한다. 그러면 친구들은 그 커피에 위로를 받는다. 그 위로의 커피는 나를 위로하는 수단이 되기도 한다. 내가 번 돈이 나를 돕는 순간이 되는 것이다.

아이가 입원한 병실을 별장처럼 생각하다

용기는 두려움에도 불구하고
직면하고 행동할 수 있는 마음이다.

- 『마흔에 읽는 니체』, 장재형 -

오랫동안, 여전히 많은 사람은 신에 의지한다. 특별한 종교를 가지지 않은 나도 마음이 흔들리는 상황에서는 이기적으로 신을 찾기도 했다. 그러다가 일이 제대로 풀리지 않으면 나의 어려운 실타래를 풀어주지 않는 신을 원망했다. 니체의 '신은 죽었다'를 늘 되뇌던 시절이 있었다. 아이가 아플 때 자주 그랬다.

나의 아이들은 계절에 상관없이 잦은 병치레를 했다. 제일 걱정되었던 부분은 '열'이다. 아이가 40도에 가깝게 열이 나면 나와 남편은 초비상 사태로 여기고 준비에 들어갔다. 열이 나면 병원에서는 입원을 권했다. 남편이 밤 근무에 가고 나 혼자 밤새도록 아이를 간호하고 나면, 오히려 입원이 편하다고 생각하기도 했었다. 입원하면 밤에는 간호사가 아이의 열 체크를 도와주고, 수액도 조절해 주기 때문에 마음 놓였다.

한 아이가 아프고 퇴원할 때가 되면, 남은 아이가 또 아팠다. 2주 동안 병원 신세를 지고, 정말 신이 있기는 있는 건가 싶어 '신 존재론'을 혼자서 반박했다. 의사가 입원을 권유하면 두 말 않고 집으로 달려와 짐을 쌌다. 나의 입원 짐 싸기는 보통의 집과 조금 달랐다. 아이에게 필요한 물건과 옷을 챙기는 건 당연하고, 나의 일주일 치 출근 준비도 동시에 해야 했기 때문이다. 그래서 아이가 입원하면 항상 1인실을 잡았다. 남편은 아이의 입원일 만큼 휴가를 냈다. 오후부터 내가 퇴근할 때까지 남편이 아이를 돌보고, 내가 퇴근한 저녁부터 밤사이, 그리고 출근 전인 오전까지는 내가 아이를 돌보았다. 일당으로 치면 남편의 급여가 나보다 몇 배는 높았지만, 나는 휴가를 낼 수 없는 상황이었다. 도와줄 수 있는 사람이 없었기에 우리 부부가 모든 걸 감당해야 했다. 그럴 땐 괜한 서러움이 북받쳐 아이가 링거를 꽂고 잠이 든 동안 소리 없이 울었다. 아무에게도 도움을 청할 수 없는 내 처지가 가여워서 더 그랬던 것 같다. 남편과 나는 어려울 때마다 늘 한 팀이 되었다. 남편과 손, 발을 맞춰가며 어려움을 이겨냈다. 어리광은 밤에 혼자 우는 것으로 만족해야 했다.

아이가 입원 중이어도 출근은 해야 했다. 출근 준비가 다 되면 남편이 입원하지 않은 다른 아이를 어린이집에 보내고, 병원으로 왔다. 나는 남편이 병원으로 오면 남편에게 아이를 맡기고 출근했다.

"연우야, 엄마 일하고 올게. 아빠랑 잘 지내고 있어."
"응 엄마. 아빠랑 잘 놀고 있을게."

열이 나서 기운이 없는 아이를 두고 출근하는 엄마의 심정을 아는가? 아이를 입원시키던 병원에는 마을버스가 병원 마당까지 들어왔다. 다행히 버스가 내가 출근하는 학원 근처까지 가서 그 버스를 타고 출근할 수 있었다. 내가 병원 마당에서 버스를 기다리고 있으면 아이는 병실 창문으로 내려다보며 내가 탄 버스가 떠날 때까지 손을 흔들어 주었다. 남편도 아이와 함께 손을 흔들었다. 아픈 아이를 두고서 이렇게까지 출근해야 하나 싶어 서러움에 또 마음이 무너졌다.

학원에 출근해도 일이 손에 잡히지 않는다. 내가 빠지면 대체 강사가 없으니 학원에 도움을 청하기도 힘들었다. 아이는 걱정과 달리 아빠와 잘 지내고 있었다. 남편이 틈틈이 보내 주는 아이 사진을 보면 병원에 있는 매점에 가서 과자도 사 먹고, 1층 로비에 있는 어항에서 물고기 구경도 했다. 남편은 사진을 보내주며 아이는 잘 있으니 걱정하지 말라고 했다. 남편이 아이와 함께 있을 수 있는 상황이 고마웠다.

때론 기쁘게, 때론 힘들게 강약 조절되어야 인생도 견딜 만한 것같다. 뉴스에서 기온이 항상 영상 22도가 유지되는 나라에서 기후 변화로 영상 6도까지 떨어지자 많은 사람이 사망했다는 내용을 보았다. 시시때때로 변하는 가상 세계가 어쩌면 더 안전한 세계인지도 모른다. 사계절이 있는 우리나라는 추운 날, 더운 날, 애매한 날까지 모두 경험했으니 갑자기 닥치는 기후 변화에도 버틸 수 있는 경험치가 있다. 그래서 다행이라는 생각이 든다.

아이가 입원한 병실로 퇴근하면, 아이가 환하게 웃으며 내 품에 안겼다. 아이를 품에 안으면 종일 놓이지 않았던 마음이 눈 녹듯 내려앉았다. 종종 힘들게 돈을 모아 여행을 간다. 여행은 무척 더운 날에도 가고, 매서운 추위에도 간다. 어렵게 시간 내어 간 여행에서도 늘 행복한 일만 있는 건 아니다. 돈 들여 예약한 숙소의 이부자리는 내 집, 내 침대에서 느끼는 안락함을 주지도 않는다. 좀 힘들면 어떠하리. 아이가 입원한 입원실을 별장처럼, 아이와 함께 누울 수 있는 침대가 있어 다행이라 생각하며 나에게 안기는 아이를 더 깊이 끌어안고 그날의 한숨도 내려놓았다.

5

때론 삶의 그늘이 되어주는 친구들

감동이란 엉뚱한 곳에서 오고 작은 것에서 출발하는 것이다.
작은 것, 오래된 것, 낡은 것, 초라한 것, 흔한 것, 값이 비싸지 않은 것들을
함부로 여기지 않고 소중히 여기는 마음이다.

- 『오늘도 네가 있어 마음 속 꽃밭이다』, 나태주 -

'불행은 한꺼번에 온다.'

이 말을 정말 싫어했었다. 매일 버티며 살아가는 것도 힘든데 불
행마저 한꺼번에 온다면 끔찍하다고 생각했다. 명언은 명언인 이유
가 있었다. 먼저 인생을 살아 본 사람이 깨달은 바는 무시하면 안 되
는 거였다. 그해에는 이상하게도 가족들이 아팠다. 친정과 시가, 아
이들까지 수술과 병치레가 도미노처럼 이어졌다.

불행은 한꺼번에 왔지만 불행의 반대쪽에는 행복의 바람이 불고 있었다. 가족들이 아파 내가 집을 비워야 했을 때 친구들이 많은 다정을 베풀어 주었다. 남편과 내가 집에 없고 아이들만 집에 있을 때다. 근처에 사는 친구는 아이들의 간식을 잔뜩 사 와서 문 앞에 놓아두었다. 아이들이 놀랄까 봐 초인종을 누르지 않고 큰아이에게 집 앞에 간식 두고 간다는 문자를 보냈다. 늘 마음을 잘 베풀던 친구였는데 내가 집을 비울 때도 잊지 않고 나의 아이들을 챙겨 주었다.

또 다른 친구는 점심때가 되자 아이들의 밥을 만들어 왔다. 평소 김밥과 볶음밥을 잘 만들어 나누어 주곤 했다. 아이들이 무엇을 좋아할지 몰라 그나마 호불호가 덜한 볶음밥을 만들어 왔다고 했다. 이 친구도 갑자기 동네 이모가 찾아오면 아이들이 당황할까 봐 집 앞에 볶음밥을 두고 갔다. 내가 없는 동안에도 아이들은 동네 이모들 덕분에 엄마가 챙겨 주는 밥을 먹듯 끼니를 잘 해결하고 있었다.
'띵'하는 소리와 함께 통장에 입금되는 소리가 들렸다. 그때도 가족 중 한 명이 아파서 병원에 있을 때였다. 곧 문자 메시지가 왔다.
'문병 가지는 못하고 위로금만 조금 보내요. 가족이 아프면 간병하는 사람이 더 힘들다는 거 알아요. 잘 챙겨 먹어요.'

같은 동네에서 학원을 운영하는 원장님들은 문자 메시지와 위로금을 보내 주었다. 아픈 사람 곁에 있으면 마음이 작아지고 무서운 마음이 든다. 그럴 때마다 다독여주고, 위로의 말을 잊지 않는 사람들의 응원에 힘을 얻었다.

얼마 전, 〈나 혼자 산다〉라는 텔레비전 프로그램에서 남자 연예인들이 군대 동기들이라며 모인 장면을 보았다. 그들은 2년이 가까운 시간 동안 서로 볼 것, 못 볼 것, 다 본 사이라 편한 사이가 되었다고 했다. 아침부터 잠잘 때까지 항상 함께 있으니 가족들보다 잘 알게 되는 것이 많아졌다고 했다. 그들은 그런 감정을 '전우애'라고 불렀다. 전우애는 서로 돕고 사랑하는 마음이다. 텔레비전 화면으로 보아도 그들만의 끈끈한 무언가가 그들의 얼굴에 붙어 편안함이 느껴졌다.

전우애가 그런 것이라면, 나의 지인들이 나에게 베풀어 준 다정들도 전우애라고 할 수 있지 않을까? 친구들이 나에게 보여 준 친절들은 내가 힘들고 지쳐 있던 순간에 매우 쾌적한 상태로 만들어 줬다. 지친 마음을 깨끗이 빨아 뜨거운 햇볕에 말려 살균 처리까지 한 그런 쾌적한 상태로 내 마음을 정화시켜 주었다. 그 마음들을 받으며 나는 안정을 찾았다. 그리고 그 마음들은 평온함을 약속하듯 자주 나의 마음 깊은 곳까지 들어왔다.

남자들은 군대 이야기로, 여자들은 아이 낳은 이야기로 얼마든지 '대동단결'이 가능하다. 그래서 함께 군대 생활을 한 사람들은 사회에 나와서도 서로를 잊지 못한다. 아이를 낳아 본 여자들의 끈끈함도 군대 다녀온 남자들 못지않다. 오죽하면 '산후조리원 동기'라는 말이 생겼을까. '전우애'도 '산후조리원 동기'도 모두 사람들이 서로 나누는 정 덕분에 생긴 말들일 거다. 개인주의가 심해져서 앞집에 누가 사는지도 모른다지만 아직은 온정이 남아 있는 세상이라 다행이다.

바스콘셀로스의 『나의 라임 오렌지 나무』에서 '마누엘 발라다리스'는 뚱뚱한 몸을 굽혀 부드러운 미소로 다가와 제제의 친구가 되었다. 다정함을 제제에게 전염시키고 스스로를 낮춰 제제를 위해 기꺼이 '포르뚜가'가 되었다. 친구들과 나는 제제와 포르뚜가처럼 서로의 서러운 부분을 등 두드려 주며 지내왔다. 누구에게도 기댈 수 없을 때, 서로에게는 기대는 존재. 제제가 포르뚜가의 멋진 차를 타고 절반이 네 것이라고 말해 주는 포르뚜가의 말을 듣고 뛸 듯이 기뻤던 것처럼, 무엇이든 함께 나눌 수 있는 존재로 말이다. 제제는 포르뚜가와 라임 오렌지 나무의 그늘 속에 있을 때 가장 마음이 편하다고 했다. 친구들도 나도 서로의 그늘만큼 곁을 내어 주며 다독거리던 마음을 놓지 않았다.

6

자매애는 내가 버티는 힘

내가 생각하는 성공적인 인생은 하나는 사는 보람을 발견하는 것이고, 다른 하나는
내가 아닌 다른 사람으로는 도저히 불가능한 어떤 지점을 인생에 만들어 두는 것이다.
이 두 가지는 서로를 보완해 준다. 떼어놓고 생각할 수가 없다.

– 「약간의 거리를 둔다」, 소노 아야코 –

드라마 〈작은 아씨들〉을 재미있게 보았다. 드라마 〈작은 아씨들〉
은 고전 명작 소설이 모티브였다. 메그, 조, 에이미 세 자매를 재해
석하여 의문 사건에 얽히는 서사를 자매들을 통해 보여주었다. 큰
딸 오인주는 가족이 가난에서 벗어나길 꿈꾸고 동생들을 살뜰히 챙
긴다. 둘째 오인경은 정의감이 뛰어나고 옳은 일을 추구한다. 막내
오인혜는 자신의 능력으로만 살고 싶어 한다.

내가 드라마 〈작은 아씨들〉을 재미있게 본 것은, 나도 세 자매이기 때문이다. 우리 세 자매와 드라마에 나오는 세 자매는 그 성격이 닮았다. 나는 세 자매 중 막내이다. 큰언니는 오인주처럼 동생들을 아껴 주고 정성스럽게 챙긴다. 작은언니는 항상 옳은 말을 많이 하고, 상황 판단이 빠르다. 그래서 오인경과 닮았다. 나는 스스로 무언가를 이루길 원한다. 그런 점에서 오인혜과 비슷하다. 언니들과 나는 가족 안에서 자기 성격에 맞게 역할을 담당한다. 큰언니는 요리 솜씨가 좋아서 가족 중 누군가가 음식이 필요하면 도와준다. 작은언니는 꼼꼼하게 의견을 나누어 결정할 일이 있을 때 나서서 중재한다. 결혼하기 전에는 잘 몰랐던 언니들의 역할이 결혼한 후에 더 빛났다.

내가 첫 아이를 낳고, 다시 재취업을 했을 때이다. 남편도 나도 아이를 돌볼 수 없는 시간에 아이를 맡아줄 사람이 필요했다. 양가 어른들은 아이를 봐줄 상황이 되지 않았다. 큰언니와 나는 한동네에 살고 있었다. 내가 고민으로 며칠 밤을 설칠 때 큰언니는 기꺼이 희생을 자처했다. 아무리 조카지만 내 아이가 아닌 아이를 매일 돌본다는 건 결코 쉬운 일이 아니었을 것이다. 언니는 이제 막 아이들을 초등학교에 보내고, 여유가 생길 때쯤이라 결정하기 더 힘들었다는 것을 잘 안다.

"내가 있는데 뭐가 걱정이야? 언니가 봐줄게. 내 조카인데 뭐."

언니는 흔쾌히 내 아이를 돌봐주었다. 돌봐주었다는 말은 조금 부족하다. 키워 주었다가 더 맞는 말이다. 큰언니는 아이가 어린이집에 다녀오면 언니 집으로 아이를 받아 내가 퇴근하는 저녁 시간까지 봐주었다. 내가 퇴근하는 시간은 저녁 식사 시간과 맞물려서 아이들의 끼니까지 해결해주었다. 그 시절 나에게 언니는 적어도 천사였다.

큰언니도 나도 함께 살던 동네에서 이사 나와서 이제 한동네에 살지 않는다. 가끔 아이들을 데리고 언니 집에 가면 나의 아이들은 이모 집이 자기 집인 것처럼 편안하다고 한다. 할머니 손에 큰 아이들이, 할머니 댁에 가면 느끼는 감정을 내 아이들은 이모 집에서 느낀다. 큰언니도 아이들을 오래 못 보면 보고 싶다며 아이들을 한 번씩 보러 집으로 온다. 내 아이들이 이모를 다 받아주는 할머니 같은 존재로 여기고 있듯이, 나도 언니에게 엄마 같은 마음이 든다. 친정엄마가 바빠서 해줄 수 없는 부분을 언니가 마음으로 보듬어 주었기 때문이다.

큰언니가 나의 가정에 도움을 준 존재라면 작은언니는 내가 워킹맘으로 자리 잡을 수 있도록 힘을 준 사람이다. 작은언니와 나는 일란성 쌍둥이다. 어릴 때부터 둘이서 한방을 쓰며 밤새도록 이야기를 나누며 잠들 시간을 놓친 적이 한두 번이 아니다. 언니는 나보다 2년 먼저 결혼했다. 그래서 뭐든지 나보다 빨랐다. 출산도 나보다 먼저 경험했고, 워킹맘의 삶도 먼저 경험했다. 쌍둥이이고, 같은 환경에서 자라서인지 언니와 나는 관심사가 비슷했다. 직업도 같아서 나이가 들어서도 통하는 게 많았다. 수업하다가 힘든 일이 있을 때 작은언니에게 힘껏 쏟아내고 나면 화의 처음이 어디였는지 기억도 나지 않게 마음이 풀려 있곤 했다. 아이가 아플 때마다 '일을 그만둬야 하나?'라는 고민을 항상 했다. 그런 마음이 들 때 작은언니에게 전화를 했다.

"절대 일 놓으면 안 돼. 조금만 버티면 너의 노력이 증명되는 순간이 있어. 조금만 참자."

작은언니는 내가 일을 놓고 싶을 때마다 항상 이렇게 말해 주었다. 언니는 내가 밑바닥이 보이지 않는 컴컴한 우물 속으로 빠질 때마다 튼튼한 두레박으로 나를 건져 올려 주었다.

"돈은 물거품 같아서 사람을 불안하게 하죠. 절대 뺏길 수 없는 물건으로 바꿔요."

드라마 〈작은 아씨들〉에 나오는 대사이다. 물거품 같은 돈을 벌기 위해 나는 언니들의 힘을 빌렸다. 나와 남편의 힘만으로는 두 아이를 키우며 일하기가 힘들었다. 언니들의 적극적인 도움이 있었기에 일을 놓지 않고 여기까지 올 수 있었다. 나에게 절대 뺏길 수 없는 게 있다면 '나의 언니들'이라고 말할 수 있다. 나의 자매들은 내가 끝까지 버티게 하는 힘이었다.

7

마음을 치유하는 음식

풍성한 식탁에 마주 앉으면 우린 더불어 살아 있음에 대한
안타까운 감사와 사랑으로 내일 걱정을 잊었다.

- 「여덟 개의 모자로 남은 당신」, 박완서 -

〈회장님네 사람들〉이라는 텔레비전 프로그램에서 응삼이 아저씨
를 디지털 휴먼으로 복원한 방송을 보았다. 전원일기에서 '응삼이'
캐릭터를 연기해서 '응삼이'이라는 이름으로 불리는 게 익숙한데 본
명은 '박윤배'이다. 응삼이 아저씨는 2020년에 세상을 떠났다. 드라
마에서 보았던 응삼이 아저씨의 말투와 행동이 그대로 복원되어 마
치 아저씨가 살아 있는 듯한 느낌을 주었다. 〈전원일기〉에 출연했
던 연기자들은 디지털 휴먼으로 복원된 응삼이 아저씨와 마주했다.

출연자 중에는 배우 김수미도 있었다. 응삼이 아저씨와 출연진들의 대화가 끝나고 응삼이 아저씨의 딸이 등장했다. 딸의 이름은 '혜미' 였다.

"김수미 씨, 우리 혜미가 예전에 수미 씨가 보내 준 김치를 너무 맛있게 잘 먹었어요. 혜미가 그 김치를 두고두고 고마워하더라고."

응삼이 아저씨는 생전에 딸에게 김치를 보내 준 배우 김수미에게 감사함을 전했다.

"응삼 씨, 김치가 맛있었어요?"
"네. 정말 맛있었어요. 진짜 맛있게 먹었어요."
"내가 이제 혜미한테 김치 자주 보내 줄게. 걱정 마요. 꼭 보내 줄 게."

배우 김수미는 눈물을 흘리며 응삼이 아저씨에게 약속했다.

"고마워요. 수미 씨. 우리 전원일기 식구들, 우리는 늦게, 나중에 늦게 다시 만납시다."

 응삼이 아저씨는 다시 배우 김수미에게 고마운 마음을 전했고, 출
연자들에게 작별 인사를 하며 화면에서 사라졌다. 배우 김수미는
사람들에게 맛있는 음식을 만들어 선물하는 일화가 유명하다. 정갈
하고 맛있는 음식을 만들어 동료, 선배, 후배들에게 나누어 주고,
음식을 받은 사람들이 맛있게 먹으면 정말 행복한 마음이 든다고 했
다. 배우 김수미는 맛의 쾌락을 사람들과 나누는 방법을 아는 것 같
다.

 요리는 살림에서 많은 부분을 차지한다. 나는 요리를 못한다. 결
혼 기간이 늘어나면서 어쩔 수 없이 알게 되는 몇 가지 메뉴를 제외
하고는 요리에 취미를 붙이지 못했다. 자고로 엄마라면 남편과 아
이들에게 정성껏 요리하여 식탁을 차리는 게 이상적인 모습일 텐데
나는 그렇게 하지 못했다. 나름의 요리 철학으로 요리를 한다고 해
도 맛과 모양이 그 철학을 따라가지 못하니 매번 실패하곤 했다.

 요즘은 텔레비전에도 남·여 구분 없이 자신만의 요리 비법을 소

개하는 프로그램이 많다. 그럴 때면 저절로 고개가 숙여진다. 요리
는 자신 없는 분야이니 한 번 해보겠다며 장담도 할 수 없고, 시간이
많지도 않아 가족들에게 괜히 미안한 마음만 든다. 나의 남편도 나
와 같은 마음이다. 남자들이 요리하는 게 전혀 낯설지 않은 세상이
된 지 오래다. 남편도 요리에는 취미가 없어서 우리는 맛있는 음식
은 전문가에게 맡기기로 했다.

코로나 이후로 배달 음식 문화가 깊게 자리 잡았다. 코로나는 반
갑지 않았지만 배달 문화는 반가운 손님이었다. 먹고 싶은 메뉴를
떠올려 배달 앱에서 찾으면 불가능한 메뉴는 거의 없다. 배달 앱이
내 생활에 더 깊이 들어오면서 요리와는 점점 더 친해지지 않게 되
었다. 사람들이 가장 자신 있는 메뉴가 무엇이냐고 질문한다면 나
는 무엇으로 대답할 수 있을까? 자신 있고, 없고 상관없이 끼니를
때우기 위해 조리법만 알고 하는 수준이니 내가 할 수 있는 모든 메
뉴 중 유능한 하나만 선발하기는 정말 어려운 일이다.

내 요리 실력이 늘지 않은 이유 중 하나에는 '시간'이라는 문제도
있다. 바쁘게 하루를 보내다 보니 요리에 정성을 쏟을 시간이 절대

적으로 부족하다. 그래서 '요리'라는 거창한 단어를 붙이기에도 힘든, 정말 단순 명료한 음식으로만 끼니를 해결하고 있다. 그런 부분은 정말 가족들에게 아내로서, 엄마로서 미안하다.

나의 아이들에게 엄마의 요리 중에 특별한 게 있다면 어떤 점이 있느냐고 물어보았다. 사실 제일 맛있는 게 무엇이냐고 물어보고 싶었는데 그러면 아이들이 대답하기가 곤란할까 봐 질문을 살짝 바꾸었다.

"엄마 요리? 엄마는 우리가 아플 때 미역국을 끓여 주잖아. 항상 우리가 아프면 미역국을 끓여. 다른 친구들은 아플 때 엄마가 죽을 끓인다는데 엄마는 미역국을 끓여."

그렇다. 나는 아이들이 아프면 미역국을 끓인다. 미역은 피를 깨끗하게 하고 기운을 북돋아 주는 음식이다. 또 식이섬유와 각종 영양 성분이 풍부하다. 동의보감에 미역은 성질이 차고 독이 없으며 열이 나고 답답한 것을 없앤다는 기록이 있다고 하니 아픈 아이에겐 안성맞춤인 음식이다. 자신 있는 요리를 말하라면 다문 입이 되지만 요리의 기능에 빗대어 이야기하라면 미역국 하나는 말할 수 있겠다. 아이들이 나의 숨겨진 의도를 이미 알고 있다니 그저 감사할 따름이다.

몸이 아프거나 기운이 없을 때 그거 하나만 먹으면 나을 것 같은 음식이 있다면 덜 외로울 것 같다는 생각이 든다. 살림에 큰 덩어리인 요리가 나에게 어려운 산이 되었지만, 의미를 부여하는 음식이 나에게도 있다. 내 부족한 살림 실력을 알면서도 의미 있는 해석을 해주는 아이들이 고맙다. 살림 못 하는 엄마는 그저 미안한 마음뿐이다.

8

일하는 게 더 마음 편합니다

습관의 궁극적인 목표는 '좋은 삶'이다. 인생의 시간을 내가 원하는 방향으로 이끌고,
스스로에게 만족을 느끼며 행복하기 위해 우리는 좋은 습관을 만든다.

- 「출근하지 않아도 단단한 하루를 보낸다」, 김은덕, 백종민 -

'인생은 경험의 연속이다. 비록 이를 깨달을 수 없을지라도 개개
의 경험은 우리를 더욱 성숙하게 만든다.'

미국의 자동차 회사 '포드'의 창설자 '헨리 포드'가 말했다. 그의 말
처럼 경험이 한 사람에게 미치는 영향은 지대하다. 경험의 사전적
의미는 자신이 실제로 해보거나 겪은 것, 거기서 얻은 지식이나 기
능이다. 지식을 쌓는 일도 경험이 되지만 몸으로 직접 해보는 일도

경험에 포함된다. 기억은 머리로만 하는 게 아니라고 생각한다. 어떤 경험이든 몸이 기억해서 다음을 인지하는 경우도 많다.

신혼 초부터 부족한 돈을 위해 열심히 일했다. 출산을 두 번 하고, 아이들을 양육하는 과정에도 일을 놓을 수 없었다. 밤마다 내일 출근을 생각하고, 출근 전에 해놓아야 할 일을 머릿속으로 점검하며 잠들었다. 그렇게 하지 않으면 아침에 일어나는 순간 뒤죽박죽되어 시간을 낭비하게 된다. 마음 놓고 한번 쉬어 봤으면 좋겠다는 생각을 늘 하며 살았던 것 같다. 주말에는 일터에 가지 않지만, 아이들도 주말에 집에 있으니 쉬는 거라고 할 수 없었다. 평일에는 일터에 출근하고, 주말에는 육아에 출근했다. 다른 워킹맘들도 나와 다르지 않았을 것이다. 오죽하면 '육퇴'(육아 퇴근)라는 말이 생겼을까. 아이와 종일 씨름하는 일보다 출근해서 일과 씨름하는 게 더 낫겠다는 생각도 여러 번 했다. 그때의 소원은 오직 딱 한 달만 쉬어 보는 거였다. 그런데 우연히 그럴 기회가 있었다.

집 이사를 앞두고 있을 때였다. 내가 사는 동네에 신규 분양 아파트가 늘어나면서 구축 아파트 매물이 쏟아져 나왔다. 내가 살고 있던 아파트도 구축이었고, 나도 신규 아파트에 분양을 받은 상태여서 집을 내놓았다. 조그만 시골 동네에 신규 아파트가 생기니 너도 나도 분양했고, 구축 아파트 가격은 바닥을 치고 있었다. 집을 팔지 않으면 이사를 할 수 없었기 때문에 반드시 집을 팔아야만 했다. 동네 사람들을 아침에 만나면 집 보러 온 사람이 있었냐는 질문이 아침 인사가 될 정도였다. 원래 살던 아파트는 남편과 내가 쉬지 않고 열심히 일해서, 순전히 우리 부부만의 힘으로 샀던 첫 집이었다. 처음으로 산 집을 파는 심정이란 말할 수 없는 아쉬움을 남겼다. 경험해 본 사람은 누구나 공감할 것이다.

기존 시세보다 매우 싼 가격으로 집을 팔았다. 마지막 남은 맛있는 초콜릿을 빼앗긴 어린 이처럼 아깝고, 억울한 마음이 들었지만 산다는 사람이 있을 때 팔아야만 했다. 거기다 이사할 아파트 입주 시기와 이사 올 사람들이 살던 집 계약 기간이 맞지 않아 우리 쪽에서 맞춰 주어야 하는 상황이었다. 어쩔 수 없이 원룸 건물에 투룸을 빌려 새 아파트 입주 전까지 두 달만 살기로 했다. 단기로 살집이 없을까 봐 걱정했는데 우리 집을 팔아 주었던 부동산에서 집을 구해 주었다. 이사하면 개인 공부방을 차릴 생각을 하고 있어서 출근하던 학원도 그만두어야 했다. 투룸 이삿날과 퇴사 날짜를 맞추었다. 드디어 소원하던 한 달 쉬기의 기회가 나에게도 생겼다.

아이들이 방학이 끝난 후였고, 여름이 끝나가던 때라 놀기에 딱 좋은 시기였다. 한 달 동안 쉬면서 그동안 하지 못했던 '엄마 놀이'를 했다. 아이 학교까지 데려다주기, 하교하는 아이 데리러 가기, 아이 학원 데려다주기, 간식 챙겨 주기, 정성껏 저녁 차려 주기 등등 그동안 일하느라 아이들에게 많이 해주지 못했던 부분을 실컷 해보았다. 내가 일할 때 스스로 잘 다니던 아이들도 엄마가 집에 있으니 요구 사항이 많아졌다. 문구점 앞에서 기다리다가 사고 싶은 거 사달라든가, 평일에 엄마와 카페에 가서 맛있는 음료 먹기 등 아이들의 요구는 꽤 일상적이고 흔한 것들이었다. 남들은 일상처럼 하는 일들이 내 아이들에게는 특별한 이벤트가 된다는 게 마음이 아프기도 했다.

아이들이 학교에 가면 혼자 낮잠도 실컷 잤다. 아무도 없는 집에서 신나게 텔레비전 채널도 돌리고, 드라마를 넣 놓고 바라보다가 끼니때를 놓친 적도 있다. 특별난 일을 한 것도 아니다. 집 앞에 작은 카페에서 커피를 포장해 와서 창밖을 보며 혼자 커피를 홀짝거렸다. 비가 오는 날에 창밖을 내다보며 사람들이 어떤 우산을 쓰는지 지켜보는 일도 했다. 내일의 고민을 하지 않고 사는 즐거움만 누렸을 뿐이다.

행복한 건 딱 열흘이었다. 점점 집에서 쉬는 일이 의미 없게 느껴졌다. 항상 일에 대해 고민하고, 걱정하고, 실행했던 것들이 그리워지기 시작했다. 그토록 원하던 휴식이었는데 제대로 쉬지도 못하고 일하고 싶다고 생각하며 하루하루를 보냈다. 뷰가 좋은 커피숍에도 가 보고, 바다도 보러 갔지만 일하고 싶다는 생각에서 벗어날 수 없었다. 내일의 일을 위해 자료를 찾고, 열심히 뛰어다니던 일상을 그리워하게 되다니. 시간이 지나가기를 바라고, 또 바랐다.

드디어 이사하고, 집에서 방 한 칸을 비워 공부방으로 꾸몄다. 신규 입주 아파트라 내가 최초로 공부방을 오픈했다. 공부방에 등록하는 학생의 학부모와 상담하고, 수업 시간을 잡느라 이삿짐을 정리할 시간도 부족하게 바빴다. 일하고, 집안일 하고, 하루하루 다른 생각을 할 틈이 없었다. 몸은 지쳤는데 마음이 지치지 않았다. 휴가 기간을 가질 때보다 내가 살아있음을 느꼈다. 한 달간 쉬었어도 내 몸이 그동안 했던 많은 일을 기억했다. 몸이 따라가니 정신도 따라

가는 듯한 느낌을 받았다. 나는 이미 일하는 내 몸에 익숙해진 것이다. 그걸 내 몸이 기억하니 이제 오랜 시간 휴가 가기는 힘들 것 같다.

2장

책을
펼치며

마음을
다독이다

1

육아 스트레스를 해결하는 책 읽기

내가 하는 독서들은 내 시간을 책에 투자하는 'give'에 해당한다.
그리고 그 책에서 얻는 가르침은 'take'로 꾸준히 변화하는 삶을 통해
그야말로 커다란 책 복을 누리고 있는 셈이다.

- 「실천독서」, 이향남 -

나에게 경력 단절이라 할만한 시간이 있었다. 첫째 아이를 낳은 순간부터 딱 1년간이었다. 첫째 아이는 우리 부부의 철저한 계획으로 생긴 아이였다. 임신 전, 중, 후까지 계획해야 다음이 보였다. 일단 일을 쉴 수 있는 상황이 아니었고, 철저한 계획 하에 재취업도 고려해야 했다. 임신 전 계획을 세웠다.

제일 먼저 생각해야 할 건 내가 아이를 낳으면 산후조리를 어떻

게 할 것인가였다. 양가 부모님 모두 나의 산후조리를 도와줄 상황이 되지 않았고, 출산의 모든 과정을 남편과 둘이서 알아서 해야 했다. 양가 부모님이 도와줄 수 있는 부분은 2~3일 정도만 왔다 갔다 하는 정도였다. 방법은 산후조리원에 들어가는 방법뿐이었다. 일단 산후조리원 비용이 얼마 정도 드는지 사전 조사를 했다. 마음에 드는 곳을 골라 두고, 그 비용에 맞는 돈을 벌어 미리 저축해 두었다.

감사하게도 남편과 내가 계획한 대로 첫째 아이가 찾아왔다. 내가 살면서 누린 몇 가지 행운이 있다면 계획했던 대로 아이가 찾아왔다는 거다. 지금 생각하면, 유연하게 대처하면 되는 일인데 그때는 마음의 여유가 없었다. 내가 사는 집 근처에서 학생들을 모아 학생들 집으로 찾아가는 '글쓰기' 수업을 했다.

임신한 후 아기의 심장이 뛰면 출산 예정일이 나온다. 나는 출산하기 2주 전까지 수업 일정을 맞춰 놓고 수업 종료 날을 정해 두었다. 아이들과 마지막 수업하기 며칠 전부터 배가 아래로 처지는 느낌이 들었다.

"배가 아래로 너무 내려왔는데?"

"아니야. 아직 출산하려면 3주나 남았어."

출산 경험을 먼저 해본 언니들이 내 배를 보고 걱정했다. 나는 예정일이 많이 남았다며 여유를 부렸다. 아니나 다를까, 언니들의 말처럼 출산 신호가 빨리 왔다. 수업을 종료하고 이틀이 지난 뒤였고, 아직 예정일이 2주가 남은 상황이었다. 밤새 한숨도 못 자고 진통을 겪었다. 부모님이나 언니들에게 전화해서 도움을 청해도 되었는데 그땐 왜 그리 미련했는지 남편과 둘이서 진통을 겪었다. 배도 아프고, 허리가 끊어질 것처럼 진통이 심해지자 다니던 산부인과에 남편이 전화했다. 산부인과에서는 초산이라 벌써 아이가 나올 수가 없다며 아침에 오라고 했다. 그 말만 믿고 아침까지 버텼다. 너무 힘들어하는 나를 보고 날이 채 밝기도 전에 남편은 차에 시동을 걸었다.

병원에 일찍 도착하니 간호사는 죽을 듯 신음하는 나를 보며 서둘러 침대에 눕혔다. 간호사가 살펴보더니 이미 8cm가 열려있다고 빨리 분만하지 않으면 위험하다고 했다. 병원에 도착해서 자연분만으로 1시간 만에 아이를 낳았다. 남들 다 한다는 무진통, 관장은 하지 못했다. 너무 늦게 도착해서 할 수가 없었다.

"엄마, 진짜 대단해요. 어째 8cm 열릴 때까지 참았어요? 그 마음
으로 아기 잘 키워요."

의사의 말이 잘했다는 칭찬 같았다. 모유도 잘 나오고 회복도 빨
랐다. 미리 모아 두었던 산후조리원 비용을 지불하고 2주 동안 산후
조리원에 머물렀다. 산후조리원에 있는 동안은 마음이 편했다. 조
리원에서 출산 회복 체조, 밤중 수유 쉬기, 마사지, 차려 주는 밥 먹
기 등 누릴 수 있는 많은 호사를 누리고 퇴원했다.

문제는 퇴원하고 나서였다. 밤에는 분유를 먹여서 아기를 푹 재우
고 싶었는데 아기가 젖병을 물지 않았다. 오직 모유만 먹었다. 아이
가 모유를 먹으니 1년 동안 일할 엄두가 나지 않았다. 딱 1년만 육아
에 전념하기로 마음먹었다. 재취업은 그 후에 생각하기로 했다.

일하느라 매일 밤낮으로 뛰어다니다가 집 안에 갇힌 신세가 되었
다. 사랑스러운 내 아이를 낳고 키우는 일은 소중한 경험이지만 늘

마음이 행복하지만은 않았다.

먼저 아이를 낳아 본 언니들이 조카를 낳고 항상 푹 자보는 게 소원이라고 했다. 내가 아이를 낳기 전에는 그 말을 이해하지 못했다. 밤중 수유가 오래도록 지속되고, 아이가 어려 외출도 자유롭지 않은 시간이 길어지자 언니들의 말이 완전히 이해되었다. 아이가 밤에도 수시로 모유를 먹어서 잠을 제대로 잘 수 없었다. 언니들의 말처럼 푹 자는 것이 소원이었다.

남편도 육아와 집안일에 참여하긴 했지만 아이가 오직 엄마만 찾는 시기가 있었다. 남편이 돕는 것에는 한계가 있었다. 아이를 키울수록 점점 내가 시들어 가는 느낌이었다. 아이를 낳기 전에 내가 무엇을 하며 여유 시간을 보냈는지도 모르게 하루하루가 빠르게 지나갔다. 아이가 무럭무럭 잘 자랄수록, 내 몸과 마음이 더 힘들어졌고 뭔가 해결책이 필요했다.

인터넷으로 책을 주문해서 읽기 시작했다. 육아서, 자기 계발서, 소설 내키는 대로, 시간이 날 때마다 읽었다. 책을 읽는 동안에는 아이와 동떨어진 세계에 있는 듯한 느낌이었다. 아이가 자는 시간에만 책을 읽을 수 있었는데 책에 빠져 있을 때는 마음에 평화가 찾아 왔다. 힘든 시간의 빈틈으로, 읽는 즐거움이 성큼 들어온 순간이었 다.

책을 읽으며 공감하다

남이 나를 헤아려 줄 때 공감받는 것이라면,
내가 남을 헤아려 줄 때 공감하는 것이다.

- 「매일 읽겠습니다」, 황보름 -

식물을 키우는 데 재능이 있는 사람을 '그린핑거'라고 한다. 나의 시어머니는 '그린핑거'다. 시가에 가면 베란다에 식물이 가득한데, 식물마다 시든 존재가 하나도 없다. 시어머니의 식물들은 모두 잎을 반짝거리고, 겨울에도 꽃을 피운다. 어머니께 비법을 여쭈었다.

"글쎄다. 비법이랄 게 있을까? 천 원 가게에 파는 영양제를 사 두고 필요할 때마다 주는 것뿐인데…."

시어머니는 무심한 듯 대답하셨다. 나는 어머니가 하신 말씀에서 정답을 찾았다. 매일 식물을 살피고 관심을 가지는 것, 그것이 시어머니가 '그린핑거'가 된 이유이다. 어머니는 매일 베란다에 식물들을 보며 알아차린 거다. 시들어 가는 화분이 없는지, 물이 부족한 화분이 없는지, 충분히 시간을 두고 관찰하셨을 거다.

첫째 아이를 낳고, 육아와 살림에만 전념하며 전업주부로 살고 있을 때, 성장하는 나는 존재하지 않고, 엄마로서의 나만 존재하는 것 같았다. 좁은 집 안에서 작고 고운 생명에게 내 모든 감각을 쏟아냈다. 밤이 되면 종일 바쁜 시간을 보냈음에도 의미가 없게 느껴지는 날이 많았다. 아이가 뒤집고, 기고, 앉고, 서고, 걷기까지 아이가 성장하는 모든 과정은 경이로웠지만 허한 나의 마음을 채워주지는 못했다. 육아와 살림은 월급으로 계산되지 않기 때문이었을까?

전 아나운서 이금희는 어느 신문 기사에서 한 일화를 소개했다. 이금희 아나운서는 KBS에서 18년 동안 〈아침마당〉을 진행하느라 매일 아침 새벽 출근을 했다. 어느 날 갑작스러운 하차 통보로 새벽 출근을 하지 않게 되었는데 알람 설정을 하지 않았더니 9시에 일어나게 되었다. 이른 새벽에 일어나는 것이 몸에 배어 일을 그만두었어도 자동으로 눈이 떠질 줄 알았는데 늦잠을 잤다. 이금희 아나운서는 자신을 철저한 '월급형 인간'이라고 했다. 월급이 들어와야 몸이 움직인다는 뜻이다. '월급형 인간'이라는 말이 어떤 뜻인지 알 것 같다. 종일 일하고 지치도록 일했음에도 표시도 안나고 인정도 못받는 것 같은 좌절감을 맛보았으니 나 역시 '월급형 인간'이 아니었나 싶다.

지친 내 하루를 건져 올려 줄 무언가가 필요했다. 나는 그 수단으로 밖에 나가지 않아도 문화생활을 즐길 수 있는 책 읽기를 택했다. 아주 잠깐씩 읽다가 마는 과정이 반복되었어도 자꾸 책에 손이 갔다. 책을 쓴 작가가 수없이 인생의 허들을 넘었던 순간을 읽으며 공감했다. 그리고 위로받았다. '나보다 더 힘들었던 사람도 있구나.', '나만 힘든 게 아니구나,'라는 생각이 내 지루한 날들을 행복한 마음으로 조금씩 자라게 했다. 어머니가 식물을 관찰하며 사랑을 주었던 것처럼 나도 나 자신에게 조금씩 책이라는 영양분을 쏟아부었다.

나도 책을 읽으며 많은 공감을 받았다. 책에 나온 단어들이, 문장들이 나의 몸속 깊은 곳에 와닿아 미세한 감각들과 만남을 이루었다. 어느 날은 문장 하나에 마음이 꽂혀 종일 그 문장을 되새기며 흐뭇해했다. 그 문장들이 담긴 책을 내가 발견했다는 것에 기쁨을 느꼈다. 비용으로 따지면 만 원이 좀 넘는 책이 한 달을 열심히 일하고 받은 월급의 가치와 맞먹을 정도의 성취감을 느꼈다.

겨울이 지나는 길목에 '입춘'이 온다. 아주 깊은 땅속에서 얼어붙은 많은 불순물을 이기고 가장 뜨겁게 입춘이 온다. 그 땅에는 많은 새순이 깊이 몸을 숨겼다가 어느 날, 선물처럼 '짜잔'하고 나타난다. 책은 내 마음의 얼음을 깨고 반가운 손님처럼 다가왔다. 나를 향해 숨 쉬는 언어를 가득 안고, 소리 없는 아우성으로.

3

책과 일하기 위해 마음을 다지다

자신의 적을 미워하거나 박해하지 마라.
오히려 적의 장점을 인정할 수 있다면 그보다 더 쉽고 큰 이익은 없다.
적의 장점을 인정함으로써 결정적인 우위를 얻게 된다.

- 「괴테가 읽어주는 인생」, 요한 볼프강 폰 괴테 -

'누구나 한 번쯤은 자기만의 세계로 빠져들게 되는 순간이 있지. 그렇지만 나는 제자리로 오지 못했어. 되돌아 나오는 길을 모르니. 너무 많은 생각과 너무 많은 걱정에 온통 내 자신을 가둬두었지. 이젠 이런 내 모습 나조차 불안해 보여. 어디부터 시작할지 몰라서 나도 세상에 나가고 싶어. 당당히 내 꿈들을 보여줘야 해. 그토록 오랫동안 움츠렸던 날개 하늘로 더 넓게 펼쳐 보이며 날고 싶어.'

가수 임재범의 〈비상〉이라는 노래의 가사이다. 이 노래의 제목처럼 나도 비상하고 싶었던 시절이 있었다. 나는 결혼 전부터 아이들에게 글쓰기와 독서를 지도하는 일을 했다. 첫 아이를 낳고 1년만 전업주부로 살다 1년 후 재취업을 해야 했다. 부모의 도움 없이 우리 부부의 힘만으로 내 집을 사리라 다짐했었기에 더는 전업주부의 생활을 이어갈 수 없었다. 예전에 일하던 곳에 가서 다시 일을 할 수도 있었지만 어린아이가 있는 주부에게는 맞지 않는 일이었다. 점심을 먹은 후부터 아주 늦은 밤까지 수업해야 하는 일이었기 때문이다. 그래서 파트타임으로 잠깐씩 하는 일을 찾아보았다. 청년 실업 문제가 점점 심각해지고 있던 때였는데 어린아이가 있는 주부는 더더욱 환영받지 못했다. 아이들은 자주 아프고, 돌발 상황이 많이 생기기 때문에 편하게 일을 맡길 수 없다는 게 이유였다. 틀린 말은 아니다. 정말 아이가 수시로 아팠고, 자주 입원도 했다.

어떻게든 일은 구해야 하는데 내가 사는 동네에는 글쓰기나 독서 지도하는 강사를 구하는 곳이 없었다. 수학을 가르치는 학원에서는 강사를 구한다는 구인 광고가 많이 보였다. 임신하기 전에 낮에는 학원에서 수학을 가르치고 저녁에는 논술을 가르치는 일을 해서 수학 강사 경력도 꽤 있었다. 내가 하고 싶은 일은 글쓰기, 독서 지도지만 생계를 위해서는 어쩔 수 없이 수학 강사로 나서야 했다. 아이를 키우며 짧은 시간 동안 일할 수 있는 수학 강사 자리로 일자리를 구했다. 집에서 5분 거리에 있는 곳이어서 동선이 편리했다. 수학 강사 일을 하면서 〈비상〉에 나오는 가사처럼 글쓰기와 독서를 가르치는 일로 돌아가야 한다고 계속 생각했다. 나의 이런 바람을 지인들에게도 늘 말하고 다녔다. 언젠가는 꼭 돌아가고야 말 거라고. 하지만 제자리로 돌아가는 일은 생각처럼 쉽지 않았다. 여러 학원 강사 일을 거치며 기회를 엿보았다.

어느 날, 내가 사는 동네에서 글쓰기, 독서 지도 강사를 구하는 구인 광고가 나왔다. 항상 일자리 사이트를 살펴보며 기회를 보고 있었기 때문에 내가 원하던 구인 광고는 단번에 내 눈에 띄었다. 준비하는 자에게 기회가 온다고 했던가? 규모가 큰 회사에서 직원 자녀들의 복지 혜택으로 사택 도서관에서 글쓰기 지도하는 일이었다. 월급도 꽤 괜찮았다. 일하는 시간도 아이를 키우며 다니기 좋아서 나에게 딱 맞는 일자리라고 생각했다.

서류 전형에 통과하고 면접을 보는 날이 다가왔다. 너무 오랜만에 면접을 봐서인지 온몸이 덜덜 떨렸다. 학원 출근 전인 오전에 면접이 있어서 출근 시간과 겹치지 않아 다행이었다. 면접은 편안한 분위기에서 진행되었다. 면접 담당자도 나의 이력을 보고 마음에 들어 하는 눈치였다. 면접 담당자는 다음에 또 만날 것처럼 인사했다. 작은 언니가 함께 가 주었는데 면접에서 나누었던 대화 내용을 언니에게 말하니 언니도 합격될 것 같다고 했다. 합격했으면 좋겠다는 마음이 너무나 간절했다. 그때만 해도 독서 논술에 대한 인지도가 매우 낮았다. 학부모들이 수학만큼 글쓰기와 독서 지도에 관심이 없었기 때문에 상대적으로 일자리도 적었다. 구하기 힘든 일자리가 내가 사는 동네에 나왔으니 얼마나 간절했겠는가? 면접 담당자는 상사들과 상의한 후 연락을 주겠다고 했다.

일할 장소가 원래 다니던 학원보다 집에서 더 가까운 위치에 있었다. 학원에 출근하려면 면접 보았던 그 장소를 매번 지나야 했다. 면접을 보기 전에는 아무 생각 없이 지나쳤던 그 길목을 면접을 보고 나서는 정성스러운 마음으로 지나다녔다. 앞으로 나에게 월급을 줄 소중한 장소라고 생각하면서.

며칠 뒤, 그동안 내가 심각한 착각의 병에 걸렸었다는 걸 알게 되었다. 하루, 이틀, 사흘이 지나도 면접 본 곳에서 연락이 없었다. 합격이든 불합격이든 문자 한 통만 줬으면 소원이 없겠다고 생각하며 내 속은 타들어 갔다. 면접을 보았던 다음 날, 바로 합격 소식을 받을 거라고 생각한 나는 연락이 없는 그곳에 전화를 해봐야겠다고 생각했다. 간절함이 집요함으로 변하던 순간이었다. 다행히 담당자의 휴대전화 번호가 내 전화기에 저장되어 있었다. 숨을 가다듬고 조심스럽게 번호를 눌렀다. 신호가 울린 지 한참이 지나도 저쪽에서는 반응이 없었다. 끝내 고객이 전화를 받을 수 없다는 기계음과 마주해야 했다. 그때의 절망과 실망이 얼마나 컸는지 그날의 나를 생각하면 가엾고, 불쌍하다는 생각이 든다. 나는 왜 하고 싶은 일을 하며 살지 못하는지 신세 한탄과 자기 원망으로 오랜 시간을 보냈다.

예전에 아무 생각 없이 지나던 그 길, 면접을 보고 난 후 잠시 나에게 행복을 주었던 그 길은 더는 나에게 평범한 길이 될 수 없었다. 나는 왜 채용되지 못했는지 그 길을 지나갈수록 생각을 곱씹었고, 곧 그 길이 싫어졌다. 그래서 빙빙 돌아 원래 다니던 학원에 출근하기도 했다. 어떻게 하면 내가 원하는 일을 하며 살 수 있을까? 고민하고 또 고민했다. 그때부터 나는 인터넷 사이트에서 논술 전문 회사를 찾아보고 기웃거리기 시작했다. 신청만 하면 교재 샘플 책을 배송해 주는 곳이 많아서 모두 신청하고 배송 오면 일일이 교재 안을 살폈다. 다니던 학원은 그만두지 않은 채로 나는 내가 하고 싶은 일을 하기 위해 준비했다. 학원에서 퇴근하고 두 명의 아이에게 글쓰기를 가르치러 다녔다. 매일 하는 일이 아니라서 학원 일과 병행이 가능했다. 얼마 지나지 않아 마음에 드는 교재 회사와 가맹을 하고 교재를 미리 받아 교재 연구에 들어갔다.

남편과 상의 끝에 그때 사는 집에서 조금 떨어진 곳에 새로 생기는 아파트를 분양받기로 했다. 필로티 층을 골라 분양받고 이사하면 논술 공부방을 차리기로 마음먹었다. 여전히 학원 강사 일은 그만두지 않은 채로 열심히 준비해 나갔다. 분양받고 2년이 지나 아파트가 완공되고 나는 내가 사는 집 한 칸을 비워 논술과 수학을 함께 가르치는 공부방을 열었다.

아무리 의미 있는 일이라도 당장 먹고사는 일을 해결하지 못하면 그 일을 하며 살기가 힘들다. 현재의 삶을 유지하기 위해서는 내키지 않는 일을 해야 한다. 이 문제가 요즘 어른들의 딜레마이기도 하다. 내키지 않는 일을 하는 시간을 견디고 준비해야 원하는 일을 할

수가 있다는 것은 진리에 가깝다는 것을 어른이라면 다 아는 진실이

아닐까?

4

힘내라는 말보다 위로가 되는 책

'나만 옳다'는 생각은 일종의 폭력이란다.
자신이 선택한 길만 옳으면 다른 길을 선택한 사람은 틀린 게 되고 만단다.
절대 선을 추구하는 사람은 절대 악에 빠지게 되어 있단다.

— 「생각독서」, 김경진 —

'행복의 한쪽 문이 닫힐 때, 다른 한쪽 문은 열린다. 하지만 우리는 그 닫힌 문만 오래 바라보느라 우리에게 열린 다른 문은 못 보곤 한다.'

헬렌 켈러가 행복에 대해 남긴 말이다. 행복과 불행은 공존하기 때문일까? 행복은 늘 가까이 있지만 주변에 있는 행복을 알아차리지 못할 때가 많다.

필요한 유튜브 영상을 찾다가 〈싱어게인〉에 출연한 '이소정'이라는 가수를 우연히 보게 되었다. 가수 이소정은 5인조 여자 그룹으로 가요계에 데뷔했는데 지금은 혼자 활동하고 있다. 그룹 활동을 할 때 공연 장소로 이동하던 중 교통사고가 나서 함께 활동했던 멤버 두 명이 목숨을 잃었다. 그 후 세 명만 그룹 활동을 이어 갔다. 방송에서 나와 웃으며 노래 부르는 것에 죄책감을 느꼈고, 사람들이 불쌍한 눈으로 바라보는 게 너무 마음이 아팠다고 했다.

"그룹 이름은 무엇이었어요?"
"레이디스코드입니다."
"아~."

사람들은 '레이디스코드'라는 이름이 나오자 탄식에 가까운 반응을 보였다. 가수 이소정은 그 반응을 보고 익숙한 듯했지만 불편한 눈으로 무대에 우두커니 서 있었다.

"그룹 이름을 말하면 다들 이런 반응이었겠죠?"

작사가 김이나는 사람들의 반응을 보고, 이소정의 표정을 살폈다. 이소정의 절규에 가까운 노래가 끝나고, 지켜보던 많은 관중은 소리 없이 울었다. 이소정의 모습에서 간절한 마음을 느꼈기 때문이었을까? 나도 눈물을 펑펑 쏟았다. 그 큰일을 겪고 어떻게 여기까지 왔을지 짐작이 되어 더 마음이 아팠다.

"심사위원으로서 제가 할 수 있는 일은 뭘까 생각해 봤어요. 절대 그 사연과 상관없이 소정 씨의 무대를 봐야겠다고 생각했어요. 엄청난 비극이지만 배경으로 놓고서 소정 씨를 보지 않았어요. 너무 잘했습니다. 치료는 잘 받고 있지요?"

"네."

"덮어 두지 말고 꼭 치료받으셔야 합니다. 오늘 너무 잘했습니다."

작사가 김이나는 이소정의 노래를 듣고 따뜻한 위로의 말을 해주었다. 김이나 작사가는 가수들과 가장 가까운 위치에서 일하고 있으니 그들의 마음을 누구보다 잘 이해할 수 있었을 거다. 김이나 작사가의 위로가 가수 이소정에게 얼마나 큰 위안이 되었을지 짐작된다. 〈싱어게인〉이라는 프로그램은 무명 가수 경연 프로그램이다. 이소정은 몇 번의 경연 끝에 10위 안에 들었는데 경연의 막바지에서 노래 가사에 집중하지 못하는 실수를 했다. 이소정에게 또 다른 위기가 온 거였다. 실수투성이였던 이소정의 노래가 끝나고 잠시 침묵이 흘렀다.

"누구나 실수합니다. 저도 무대에서 많이 실수했어요. 제가 오랫동안 무대에 설 수 있었던 이유는 그 많은 실수를 뛰어넘고, 견뎌왔기 때문이에요. 오늘의 실수가 소정 씨의 앞날에 걸림돌이 되지 않기를 바라요."

심사위원으로 있던 이선희가 이소정에게 말했다. 가수 이선희의 말 덕분인지 이소정은 다른 프로그램에 나와 실수투성이였던 무대에서 불렀던 노래를 다시 불렀다. 노래를 끝낸 이소정은 마침내 그때의 실수를 만회하였다. 이소정은 여러 트라우마를 이겨내며 성장하고 있었다.

가끔 친구들이 구겨진 인상으로 나타날 때가 있다. '힘내라'는 말은 식상하고 친구에게 도움이 되지도 않는다. 더 강력한 위로는 그냥 그 사람 곁에 있어 주는 거다. 물리적 거리를 좁혀 함께 있지는 못해도 전화로 메시지로 함께 할 수 있다. 나의 힘든 일 끝에는 항상 책 한 권이 있었던 것 같다. 상황에 따라 내키는 책을 집어 들고, 무심코 연 페이지를 바라본다. 대부분은 언젠가 읽었던 책이다. 읽으며 마음에 드는 부분에 줄을 그어 뒀던 부분에 시선이 머문다. 그런 날은 어김없이 책을 통해 위로받고, 마음의 안정을 얻는다.

사람이 살아가면서 항상 행복하지만은 않다. 원하는 대로 이루고 살기 위해 많은 부분을 포기하며 산다. 원한다고, 떼쓴다고 행복이 얻어지지 않는다. 행복의 열쇠는 자신에게 달려 있다. 행복과 불행 가운데서 행복에 가까운 곳에 점을 찍으며 살아야 한다는 사실을 잊지 않으려 한다.

5
시나브로 스며든 나의 책 사랑

혼자만의 힘으로 할 수 있는 일은 아무것도 없다.
우리가 직면하고 해결해야 하는 인생의 모든 과제는 사회 관계망 안에서 생기는 것이며,
타인들과의 협력을 통해 비로소 완성된다.

- 오늘, 행복을 쓰다」, 김정민 -

"엄마, 엄마는 책이 그렇게 좋아?"

"응. 책을 읽으면 마음이 편안해서 좋아."

"정말 신기해. 엄마는 언제부터 책을 읽게 됐어? 제일 처음에 읽었던 책 이름 기억나?"

햇살이 따뜻했던 주말 오후였다. 피곤하다는 말을 달고 살면서 항상 손에 책을 들고 있는 나를 보며 아이가 물었다. 나의 책 사랑은

언제부터였을까? 기억은 오래전으로 거스르고 거슬러 내가 초등학교 시절로 데려다주었다.

초등학교 2학년 때 우리 반 교실은 도서실을 겸비했던 곳이었다. 교실이 모자라 도서실까지 교실로 사용했던 시절이었다. 우리 교실은 칠판 있는 곳을 제외하고 삼면이 책장으로 둘러싸여 있었다. 교실에 들어가면 항상 은은한 책 냄새가 났다. 오래 묵은 책 냄새. 우리 반에서 책은 자연스러운 배경이었고, 쉬는 시간이면 책을 하나씩 빼 들고 책으로 놀았다. 가위바위보를 해서 이기는 사람이 책장을 휙 넘겼다. 그리고 사람의 수를 하나, 둘 세었다. 다음은 진 사람이 책을 휙 넘겼다. 또 하나, 둘 셌다. 책장을 넘겼을 때, 사람 수가 더 많은 사람이 게임에서 이겼다. 나와 우리 반 친구들에게 책은 그저 놀이의 수단일 뿐이었다.

세월이 흘러 초등학교 5학년이 되었다. 학년이 끝날 때쯤이었던 것 같다. 점심을 먹고, 학교 안을 이리저리 돌아다녔다. '도서실'이라는 교실 이름 앞에서 걸음을 멈추었다. 교실 문을 빼꼼히 열고 들여다보니 아이들 몇 명이 책을 읽고 있었다. '나도 들어가도 되나?' 고민하다가 슬쩍 문을 열어 보았다. 문이 스르륵 자연스러운 소리를 내며 열렸다. 조심스럽게 교실 안으로 들어가 보았다. 2학년 때 교실과 비슷한 풍경이 펼쳐졌다. 익숙한 분위기와 냄새를 느꼈다. 먼저 와 있던 아이들이 읽던 책을 옆에서 같이 보았다. 글자가 듬성듬성 있는 동화책이었다. 아이들은 책을 뺏다 꽂았다 하며 그림만 보고 책장을 휙휙 넘겼다. 그때 복도에서 누군가 뚜벅뚜벅 교실로 향해 걸어오는 소리가 들렸다. 어른 발걸음 소리였다. 내가 문을 열 때처럼 이번에도 자연스러운 소리를 내며 문이 열렸다.

"얘들아, 너희들 여기에 있으면 안 돼. 여기 정리해야 돼서 문 열어 놓은 거야. 이제 나가줄래?"

처음 보는 어른이었는데 선생님인 듯했다. 나와 교실에 있던 아이들은 서둘러 읽던 책을 정리하고 도서실을 빠져나왔다.
점심시간이 곧 끝났고, 담임 선생님도 학년 실에 있다가 교실로 들어오셨다. 선생님은 내년 5,6학년 중에서 도서 위원을 모집하고 있으니 희망자는 선생님에게 와서 이야기해달라고 말씀하셨다. 우리 학교가 도서 시범학교로 뽑혀서 학교에 엄청나게 많은 책이 들어올 거라고, 책 정리하는 일을 도울 학생들을 뽑는 거라고 했다. '점심시간에 보았던 그 도서실에서 하는 건가?' 호기심으로 내 심장이 요동을 쳤다. 집에 갈 때쯤 선생님께 도서 위원에 신청한다고 말씀드렸다. 선생님은 담당 선생님께 말씀드려 놓겠다고 했다. 집에 와서 나와 쌍둥이인 작은 언니에게 얘기했더니 언니도 도서 위원에 신청했다고 했다. '누가 쌍둥이 아니랄까 봐!' 옆에서 우리의 대화를 들은 큰언니가 웃었다.

도서 위원 신청자는 모두 도서실로 모이라는 안내 방송을 들은 건 6학년 첫 학기가 막 시작했을 때였다. 도서실로 가니 작은 언니도 와 있었다. 도서실은 겨울 방학 동안 교실 2개를 붙여 확장하고 칸막이 있는 책상과 의자를 새로 들였다. 제법 책 읽을 분위기가 나는 곳으로 바뀌어 있었다. 아는 얼굴들이 몇몇 보여서 삼삼오오 모여 이야기를 나누고 있는데 담당 선생님이 도서실로 들어오셨다. 5학년 때 도서실에서 뵀던 그 선생님이었다. 선생님은 앞으로 우리가 해야 할 일을 말씀해 주셨다. 학교로 배달되는 책에 일일이 라벨을 붙이고 도서를 정리하는 일을 우리가 해야 한다고 했다. 매일 방과 후에 2시간씩 남아야 하고, 여름방학에는 매일 나와야 한다고 했다.

그날 오후부터 도서 위원이 된 나는 매일 도서실로 가서 책을 정리했다. 엄청나게 많은 책 상자들이 도서실에 쌓여 있었다. 나와 다른 도서 위원들은 담당 선생님의 지시에 따라 열심히 책을 분류하고 라벨을 붙였다. 학교에 처음 배송된 책 상자를 열고 사람의 손때가 묻지 않은 새 책을 여는 황홀함은 해본 사람만이 안다. 책을 정리하며 그 책을 처음 열어 보는 나만의 특권이었다. 우리는 책 정리하는 시간 전후로 책을 읽고 또 읽었다. 책을 정리하다가 제목과 그림에 이끌려서 책만 읽다가 시간이 훌쩍 지났던 경우도 있었다. 그럴 때 담당 선생님은 서둘러 하지 않는다고 혼내지 않고, 그냥 내버려 두었다.

도서실 정리가 완성되던 주말에 담당 선생님은 '석굴암' 등반을 제안하셨다. 주말에 담당 선생님과 도서 위원들은 불국사 입구에서 '석굴암'까지 걸어 올라갔다. 그렇게 높은 곳까지 걸어 올라갔던 것이 생전 처음이라 너무 힘들었던 기억이 난다. 그런데 그날의 흙냄새와 도시락은 아주 생생하다. 힘들었지만 끝까지 완주한 마음에 보람이 느껴졌기 때문일까? 도서실 정리도 우리의 힘으로 해냈고, 석굴암 등반도 완주했으니 더 뿌듯한 마음이었다.

도서 위원으로 했던 활동이 내가 책을 좋아하게 된 이유가 되었던 것 같다. 도서실이 학생들에게 공개된 후 도서실 시범 운영 학교답게 독서 행사를 많이 했다. 작은 언니와 나는 경쟁하듯 도서실에 있는 책들을 읽어 치웠고, 교내에서 하는 독서 행사나 글쓰기 대회에서 항상 상을 받았다. 친구들에게 우리는 책 좋아하는 아이, 글쓰기 잘하는 아이로 증명되는 순간들이 많았다. 6학년 졸업식에서는 공로상도 받았다.

얼마 전, 초등학교 6학년 때 담임 선생님이 작은 아이가 다니는 학교에 계신다는 걸 알게 되었다. 선생님께 안부 전화를 했는데 세월이 30년이 넘었어도 선생님은 나를 책 좋아하는 아이, 글 잘 쓰는 아이로 기억하고 계셨다. '그랬었다….'라는 나만의 착각으로 지나갈 수 있었던 나의 초등학교 시절을 마흔이 넘어 담임 선생님께 들으니 뭔가 뭉클한 느낌이 들었다.

도서 위원이 된 후로 나는 책이 주는 '위로의 맛'을 알았던 것 같다. 초등학교 때 도서실 일에 참여하지 않았다면 나는 무엇으로 삶의 어려움을 해결하며 살고 있을까? 책 사랑의 시작을 떠올리니 무려 30년 전으로 거슬러 가야 했다. 내 책 사랑은 첫눈에 반하는 번

개 같은 사랑이 아니었다. 은은하게 서서히 스며든, 오랜 세월이 느껴지는 시나브로였다.

6

나를 위해 책을 읽는다는 것

아이들은 부모가 말하는 대로 자라지 않고 부모가 사는 대로 자란다.
아이들은 부모의 뒷모습을 보고 자라기 때문이다.

- 「사춘기 대화법」, 강금주 -

아이들이 사춘기에 접어들 때면 눈빛이 확 변한다. 얼마 전까지 초등학생이었던 아이가 교복만 입으면 눈에 힘이 들어간다. 교복에도 유행이 있다는 걸 알게 되는 시점부터는 그 유행을 따라가려고 안간힘을 쓴다.

심지어 학교 체육복에도 유행이 있다. 체육복 바지폭을 줄이는 정도와 발목 부분의 형태까지 생각해서 수선집에서 고쳐 입는다. 공부할 때 쓰는 문구류를 사는 돈은 아깝고, 교복 수선하는 돈은 하나도 안 아까운 게 사춘기 아이들이다. 나는 매일 그런 청소년기 아이들을 만나왔다. 학부모들이 아이의 사춘기 때문에 힘들다고 하면 성심껏 위로했다. 아이들과 글쓰기 수업할 때 이야기보따리가 쏟아진다. 나에게는 엄마에게 했던 것처럼 거칠게 하지 않았기에 학부모에게 긍정적인 말을 하며 다독이는 말을 건네기도 했다. 사춘기 아이들의 변화가 어떤 건지 충분히 알고 있다는 착각에 빠져 있었다. 내 아이의 사춘기가 시작되기 전까지는.

내 아이는 사춘기와 어울리지 않는다고 생각했다. 순한 얼굴에 드러난 표정처럼 사춘기는 남의 나라 이야기하듯 했다. 시작은 SNS였다. 지금 생각하면 '뭐 그런 일 가지고 그랬을까?' 싶었지만, 그때 나는 나름 심각했다. 아이가 내 허락도 없이 휴대전화에 SNS 앱을 깔았다. 나는 아이에게 내 허락 없이 SNS를 깔지 말라고 늘 말해 왔다. 아이가 SNS에 오래 노출되면 위험해진다고 생각했기 때문이다.

아이가 중학교에 입학하고 주말이었던 어느 날이었다. 아이가 잠시 화장실에 간 사이에 진동 소리가 울렸다. '나한테 문자가 왔나?' 휴대전화를 봤는데 내 휴대전화에서 울리는 진동 소리가 아니었다.

진동 소리는 요란하게 계속 울렸다. 누군가가 문자를 연속으로 보낼 때 울리는 소리처럼 진동은 멈추지 않았다. 그때 아이의 휴대전화가 소파 위에 있는 걸 발견했다. 아이의 휴대전화 화면을 켰다. 문자를 보낸 이의 전체 내용은 보이지 않지만, 누가 보냈는지와 첫 줄을 읽을 수 있었다. 휴대전화에서 진동이 울릴 때마다 화면이 켜졌다 꺼졌다 했다. 나도 모르게 아이 휴대전화 화면을 계속 들여다보게 되었고 볼수록 어이없고 화가 났다. 아이는 엄마인 내가 하지 말라던 SNS 계정을 내려받아 친구들과 소통하고 있었다. 충격이었다. SNS 속에서 아이들끼리 감정싸움이 일어나 일이 커지는 일을 여러 번 보았다. 그래서 아이에게 SNS는 조심해야 한다고 늘 강조했었다. 그러겠다고 단단히 약속했던 아이는 나에게 허락받지도 않고, 몰래 SNS를 하고 있었던 거다. 화장실에 다녀온 아이는 내가 휴대전화를 들여다보고 있는 모습을 보고, 다음에 일어날 일을 직감했는지 당황하는 얼굴이 되었다.

"엄마, 그게⋯."

"그게 뭐? 어떻게 된 건지 말해 봐."

"엄마, 요즘은 이 SNS를 깔지 않으면 친구들과 연락이 안 돼."

"그런 게 어디 있냐? SNS 말고도 연락할 방법이 여러 가진데 뭐가 연락이 안 된다는 거야?"

내가 닦달하듯 아이를 몰아세우니 아이는 더는 말을 하지 않았다. 그날 바로 SNS 계정을 탈퇴하고 휴대전화에서 앱도 삭제했다.

얼마 후, 아이는 나 몰래 다시 SNS 계정을 깔았고 나에게 들켰다. 그때 처음 알았다. 늘 말 잘 듣던 아이도 부모가 하지 말라는 일을 철저히 지키며 살지 않는다는 것을. 나름 나는 심각해졌다. 정말 다른 친구들도 그 SNS를 하는지, 그 앱이 없으면 친구들과 대화가 안 되는 게 맞는지 궁금한 게 많았다. 내 아이보다 한 살 많은 아이를 키우고 있는 작은 언니에게 전화해서 물어보았다. 요즘 애들 SNS 막아봤자 아무 소용없으니 괜한 곳에 힘 빼지 말고, 주의사항만 알려 주고 허락해 주라고 했다. 당시 나는 답정녀(답을 정해 놓고 말하는 여자) 자세로 언니에게 전화를 건 거였는데 언니는 원하는 답을 해주지 않았다. 어떻게 아이에게 해로울 수 있는 SNS를 허락해 줄 수 있다는 말인가?

남편에게 말했더니 작은 언니의 말이 맞다며 너무 고민하지 말고, 아이가 SNS를 안전하게 사용할 수 있도록 주의 주고 지켜보자고 했다. 남편도 내가 원하는 답을 해주지 않았다. 주말 내내 '답정녀' 모드로 고민하던 나는 내 아이와 또래인 아이를 키우고 있는 친구들에게 물어보았다. 친구들의 대답은 "우리 애는 아직이야."였다. 정말 내 아이만 SNS에 빠져 있는 걸까? 아이가 너무 걱정돼서 머리가 아플 지경이었다. 아직 아무 일도 일어나지 않았는데 무슨 일이 일어난 것처럼 안절부절못했다.

아이의 사춘기를 간접으로 겪는 것과 직접 겪는 것은 엄연히 다른 거였다. 그건 같을 수가 없는 거다. 아이가 마냥 신난 얼굴을 하다가도 별거 아닌 일로 순식간에 심각해지는 것을 참아 주는 일은 인내심이 따른다. 사춘기 아이를 둔 엄마라면 많이 공감하지 않을까? 마음이 너무 복잡했다. 이럴 때 나의 해결책은 무작정 무엇을 읽는 거다. 지금 상황에 도움이 되든, 안 되든 그냥 눈으로, 마음으로 무언가를 읽고 함께 흘려버리는 게 상책이다.

사춘기 아이들에게 자존심은 목숨과 같은 거다. 누구나 그렇지만 아이들도 자존심을 중요하게 생각하기 때문에 자존심을 함부로 건드리면 아이는 오히려 침묵한다. 내 아이의 잘못을 다른 누군가가 보고 나에게 알려 줬을 때 "우리 애는 그럴 애가 아니에요."라고 말하는 부모는 무책임한 부모이다. 현실을 확인하지 않는 건 부모의 게으름 문제다. 날마다 짧은 시간이라도 아이와 대화를 나누어야하고 일방적인 가르침보다는 아이에게 온전히 집중해서 대화를 나눌 필요가 있다.

사춘기에 관한 책을 읽고 아이에게 무례했었다는 걸 알아차렸다. 잘못한 건 오히려 나였다. 아이에게 양해를 구하지 않고 아이의 휴대전화를 보았고, 그로 인해 아이는 상처받았을 거다. '믿는다'는 말로 게으름을 피웠는지도 모른다. 나는 아이와 다시 대화했다. 아이는 SNS에 친구로 되어 있는 아이들을 보여주었다. 정말 아이의 말대로 SNS를 안 할 것 같은 아이들도 모두 가입돼 있었다. 아이에게 SNS의 문제점을 다시 한번 이야기해 주고 불편한 일이 생기지 않도록 조심하기로 약속했다. 그리고 SNS를 허락했다.

그날 이후 나는 마음이 가벼워졌다. 복잡했던 마음이 책을 읽으며 정돈되었다. 나의 현재 상황과 맞는 책을 고르고, 나에게 적용하는 실행력을 추가하니 여러 가지를 한꺼번에 얻는 독후 활동이 되기도 한다. 책을 읽는 건 오로지 나를 위한 거다. 무엇이든 이렇게 하나씩 울림을 주는데 어찌 책을 사랑하지 않을 수 있을까.

7

때론 책이 어른의 말처럼 다가왔다

어쩌면 우리가 만나는 많은 이들은 마음의 지옥을
견뎌내는 생존자들이다.

- 「무례한 사람에게 웃으며 대처하는 법」, 정문정 -

나에게 책은 일종의 애착 인형 같은 거다. 애착 인형을 가슴에 폭
안아야 편안을 느끼는 아이들처럼 습관처럼 책을 가지고 다닌다.
일이 많아서 책을 읽을 틈이 분명 없는데도 출근할 때 책을 꼭 챙겼
다. 책을 가지고 다니는 습관은 아주 오래전이어서 처음이 언제였
는지는 잘 기억이 나지 않는다. 그런데 책을 가지고 다니는 이유를
생각해 본 적은 있다.

집 앞에 있는 학원에 강사로 일하러 나갈 때였다. 30대 초반이었으니 십 년도 지난 일이다. 원장은 나보다 4살이 많았다. 내가 일했던 다른 학원의 원장들보다 젊은 편이었다. 그래서인지 원장은 회식을 좋아했다. 나는 술을 마시지 않아서 회식을 두려워했다. 분위기에 맞추려면 술 한 잔 정도는 먹어야 하는데 30대의 나는, 술 거절하는 게 힘들었다. 거절하는 기술이 전혀 없었던 것 같다. 그때는 아이가 어려서 늦은 시간까지 밖에 있기가 어려운 상황이었다. 아이는 엄마가 집에 올 때까지 잠을 자지 않았고, 내가 회식이 끝나고 집에 도착할 때까지 남편과 아이 모두 잠을 자지 않고 기다리니 회식이 점점 불편해졌다. 저녁을 먹을 때부터 술자리가 시작되었고, 저녁을 먹은 후에는 노래를 부를 수 있는 곳으로 꼭 가야 했다. 그때의 나도 사정을 이야기하고 일찍 자리를 떠났어야 하는데 그때의 나는 그럴 용기가 부족했다.

"정미 선생님은 책이 엄청 좋은가 봐요?"

원장은 혀가 살짝 꼬인 말투로 나에게 물었다.

"책이 왜 좋아요?"

"책에는 정답이 있을 때가 많은 거 같아요. 늘 좋을 수는 없으니 답답할 때 책을 읽으면 거기에 항상 답이 있었어요. 그래서 좋아하는 거 같아요."

"어머, 정미 선생님은 귀가 얇은가 보다. 책은 어차피 남의 말인데 책이 하라는 대로 하면 귀가 얇은 거 아니에요?"

원장이 하는 말을 듣고 이런 '신박한' 말이 어디 있나 싶었다. 책을 좋아하는 게 귀가 얇다고 생각할 수 있는 건가? 함께 있던 다른 선생님들도 원장이 하는 말에 당황해서 하하 웃었다.

"술이 많이 취했네. 그만 일어나자."

동료 선생님 중에 원장과 친한 친구가 있었다. 그 선생님은 원장이 더 하려는 말을 가로막고 식사 시간의 종료를 알렸고 우리는 모두 일어났다. 그리고 바로 노래를 부르러 갔다. 나는 회식이 끝나지 않은 상황에서도 원장이 했던 말을 계속 생각했다. 책을 좋아하는 사람은 귀가 얇은 건가? '귀가 얇다.'의 사전적 의미는 '남의 말을 쉽게 받아들인다.'이다. 원장이 책을 가지고 다니는 나에게 '정말 그 책을 다 읽는 거니? 폼으로 가지고 다니는 거 아니고?'라는 말을 하고 싶어 하는 것이라는 것을 모르지 않았다. 평소에 '귀가 얇다'는 말은 긍정적인 상황에서 쓰는 말이 아니었으므로.

　원장의 말이 틀린 것만은 아니라는 결론을 내렸다. 나는 나에게 시시때때로 나타나는 문제점들을 그 자체로 바라보려고 노력하며 살았다. 돈을 벌기 시작하면서 점점 어른의 과정을 거쳤다고 생각한다. 내가 번 돈은 나의 삶을 유지하게 했고, 미래를 꿈꿀 수 있게 했다. 살면서 나에게 일어나는 일과 주변에 일어나는 일들을 해결하며 살아야 했고, 삶을 해결할 지혜를 부모님, 친구와 지인들로부터 얻기도 했다. 가깝게 또는 멀게, 나에게 문제점으로 다가오는 것을 주변 사람들로 해결하지 못할 때도 많았다. 그럴 때는 인터넷에 검색하거나 책을 읽으며 해결해 왔다. 주변에 나를 챙기며 위로해 줄 사람들이 많아도 스스로 위안이 안 될 때도 있다. 그때는 스스로 위로받을 방법을 생각해야 했다. 주변에 사람은 많은데 내 마음은 도저히 위안이 안 되는 '풍요 속의 빈곤' 같은 거다. 그때마다 옆에 끼고 있는 책에서 위로를 받곤 했다. 책에 있는 말은 공식적인 인정을 받았다는 의미로 생각했던 것인지도 모른다. 책에 나오는 문장이 나에게 어른의 말로 느껴질 때가 많았다. 그럴 때는 내 마음속에서 쉽게 받아들이고, 따랐다. 그런 의미로 나는 남의 말을 쉽게 받아들이는 사람이었고, 기꺼이 귀가 얇은 사람이었던 거다.

8

마음이 작아질 때마다 펼치는

어른이 된다는 것은, 사람에게 누구나 저마다 누려야 할 몫의 행복과 불행,
성공과 좌절, 자유와 책임이 있음을 깨닫고 존중할 때에야 비로소 가능한 일이다.

– 「다정한 매일매일」, 백수린 –

몇 년 전 엄마는 무릎 수술을 1년 사이에 세 번이나 했다. 식당을
혼자 운영하던 엄마는 가냘픈 무릎이 상하는지도 모르고 일만 했
다. 엄마의 식당은 손님이 앉는 자리까지 가려면 높은 턱을 딛고 올
라서야 했다. 턱은 길이가 50cm쯤 되었다. 가게 인테리어를 엄마의
먼 친척분이 했다고 들었다. 엄마가 젊었을 때는 그 턱이 아무것도
아닌 일이었는지 몰라도 10년이 지나고 20년이 지났을 때는 엄마에
게 부담스러운 턱이 되었다. 나도 그 턱을 넘을 때면 '헉!' 하는 소리

가 절로 나오는데 엄마는 오죽했을까. 어느 날부터인가 턱 아래에는 넓은 벽돌이 놓였다. 턱에 올라서기 위한 디딤돌 역할을 하는 돌이었다. 그 돌이 생긴 후에는 '헉!' 하는 소리가 덜 나왔지만, 또 10년의 세월이 지난 후에는 디딤돌도 소용이 없도록 엄마의 무릎에 신호가 왔다.

나는 엄마가 수술하러 들어간 수술실 앞에 앉아 있었다. 가족 중 엄마의 수술 날에 온전히 하루를 뺄 수 있는 사람은 나뿐이었다. 수술실 앞에서 엄마는 이동 침대에 누워 불안한 얼굴을 하고 있었다.

"엄마, 수술 잘하고 와."

늘 씩씩하던 엄마가 근심이 가득한 얼굴로 누워있는 걸 보고 있으니 내 목소리가 종이 인형처럼 흔들거렸다. 엄마는 하하 크게 웃었다. 긴장된 엄마가 할 수 있는 일은 웃는 일뿐이었다. 엄마의 손을 꼭 한 번 잡았다. 엄마의 손이 차가웠다. 나는 긴장하면 손, 발이 차가워지곤 하는데 엄마를 닮았나 보다. 엄마의 차가운 손은 엄마가 엄청나게 긴장하고 있음을 알려 주고 있었다.

엄마가 수술실로 들어간 후 수술실 앞 안내 화면에 '정○남 님, 수술 준비 중'이라는 메시지가 뜨다가 곧 '정○남 님, 수술 중'이라는 말로 바뀌었다. 엄마의 긴장된 표정이 머릿속에서 떠나지 않아서 내가 더 긴장되었다. 자꾸 화장실이 가고 싶어지고, 목이 말랐다. 코로나가 한참 유행하던 시기라 마스크를 벗고 물을 마음대로 마실 수도 없었다. 사람들이 없는 계단 통로로 가서 물을 마셨다. 물을 많이 마신 탓인지 계속 화장실에 들락거렸다. 1시간쯤 지나자 서서히 마음이 편안해졌다. 주변을 둘러보니 언제부터 와 있었는지 꽤 많은 보호자가 내 앞과 옆에 자리를 잡고 앉아 있었다.

계단으로 통하는 문이 열리더니 엄마 나이쯤 돼 보이는 아주머니가 통화를 하며 수술실 복도로 들어섰다. 아주머니는 통화를 하며 주변을 살펴보더니 내가 앉아 있던 맞은편에 앉았다. 통화 내용을 듣고 싶은 건 아니었는데 아주머니가 가까이 앉아 있어서 통화 내용이 그대로 들렸다. 아주머니는 다른 지역에 살고 있는데 딸이 수술해야 해서 왔다고 했다. 집에 남편만 두고 왔고, 밥이라도 제대로 챙겨 먹을지 모르겠다며 걱정했다. 사위가 휴가를 냈으면 좋았을 텐데 사정이 여의치 않았단다. 아주머니는 딸의 병간호를 해야 하는 상황을 이야기하면서 일주일쯤 꼼짝 못 할 것 같다고 했다. 아주머니의 표정에 근심과 걱정이 가득했다. 전화기 너머에서 위로의 말을 건넸는지 '고마워.'라는 말을 드문드문했다. 아주머니의 통화하는 내용을 들으며 동병상련의 마음을 느꼈다. 아픈 사람을 수술실로 밀어 넣고 기다리는 사람의 초조는 1분을 1시간처럼 느껴지게 하는 마법이 되었다. 충분한 시간이 지난 것 같은데 수술을 마칠 예정된 시간은 멀리 있다. 불안감으로 자꾸만 마음이 작아졌다.

책이라도 읽으면 마음이 안정될 것 같아서 박완서 작가의 『모래알만 한 진실이라도』라는 책을 가지고 갔다. 책 내용에 의하면 박완서 작가는 밤에 글쓰기를 즐겼다. 밤에 쓰는 글은 맛난 것을 아껴 가며 핥는 느낌이라고 했다. 그런 밤 글쓰기가 더욱 맛깔나게 느껴지는 건 남편의 코골이 소리 덕분이라고 했다. 바닥에 엎드려 남편의 코 고는 소리를 들으며 쓰는 일은 편안함을 준다면서. 규칙적인 코 고는 소리가 있다면 여왕님이 팔자를 바꾸자고 해도 바꾸지 않을 만큼 행복함을 느낀다며 오래도록 행복한 글쓰기를 하고 싶다고 했다.

코 고는 소리가 편안함을 느낀다는 것이 무엇인지 나는 안다. 결혼 전에 엄마가 늦은 시간까지 식당 일을 하고 들어오면 엄마는 녹초가 된 몸으로 침대에 누웠다. 반쯤 열려 있는 엄마의 방문 사이로 '아이고', '아야' 하는 앓는 소리가 났다. 엄마는 잠의 세계에 입문하며 노크하듯 선잠이 들었다가 이내 편안한 상태가 되었다. 엄마의 코골이가 시작되면 엄마가 깊은 잠에 빠져들었다는 증거였다. 엄마가 끙끙 앓는 소리가 평소보다 길게 나는 날이면 나는 불안했다. 어떤 날은 엄마가 근육통에 시달리다가 앓는 소리를 내며 잔 적이 있었기 때문에 엄마가 더 아플까 봐 걱정되었다. 엄마는 새벽 4시면 일어나 식당으로 갔다. 내가 아침에 일어나면 엄마는 이미 출근하고 없어서 밤새 끙끙 앓던 엄마에게 전화를 걸어 물었다.

"엄마 어디 아파? 왜 밤새도록 끙끙 앓았어?"
"내가 그랬어?"

엄마는 내가 전화하면 아무렇지 않은 말투로 말했다. 그리고 생선이 탄다며 전화를 빨리 끊었다. 그럴 때면 또 무사히 하루가 지난 것 같아서 안도의 한숨이 나왔다. 내가 결혼한 후에도 엄마에게 전화하면 생선을 굽고 있는 경우가 많았다. 엄마에게 전화를 걸 때마다 생선을 굽고 있느냐는 질문이 엄마에게 건네는 안부 인사가 되었다.

엄마가 일흔 살이 되면서 엄마의 몸은 고장 난 신호를 한꺼번에 보내왔다. 눈이 아파서 양쪽 눈 수술을 하고, 제대로 걷지 못하는 상황이 되어 결국 무릎 수술도 했다. 내가 안도의 숨을 쉬었던 수많은 날의 후폭풍을 맞는 것 같았다. 엄마를 수술실에 보내 놓고 읽은 박완서 작가의 책에서 엄마의 편안했던 밤의 코골이가 떠올랐다. 멀고 먼 추억에 있는 엄마의 코골이 소리는 엄마를 기다리는 나의 마음을 편안하게 눌러 주고 있었다.

3장

책은
영혼을
달래 주는

소울푸드다

1

책을 읽으며 꿈을 가지다

나는 어떤 사람을 지금 내가 보는 그 모습만으로 판단하지 않으려 한다.
나는 지금 그 사람의 작은 일부분을 보고 있는 걸 테니까.

- 「이 정도 거리가 딱 좋다」, 황보름 -

볼 때마다 강력한 몰입이 느껴지는 드라마처럼 나의 일상도 그럴 수 없는 걸까. 다음 전개가 어떻게 되는지 침이 꼴깍 넘어가도록 집중하게 하는 드라마처럼 그런 재미있는 하루를 보낸다면 지루할 틈이 없을 텐데.

첫째 아이는 중학생이 되었고, 둘째 아이도 초등 저학년에서 벗어나 내 손이 크게 필요하지 않은 나이가 되었다. 아침 먹여 학교에 보내면, 저마다 각자의 일정대로 움직이다가 저녁이 되어서야 집으로 온다.

늦은 밤이 되어야 온 가족이 한자리에 모인다. 저녁을 먹은 아이들은 거실과 부엌 사이에 놓인 넓은 식탁에 앉았다. 아무렇게나 숙제할 책을 올려놓은 아이들, 떠드는 건지 숙제하는 건지 모르게 부산스럽다. 성별이 같아서인지 만나기만 하면 잠들기 전까지 종일 있었던 일을 서로에게 보고하듯 한다. 싸움이 덜하니 감사한 일이다. 수다가 늦은 시간까지 이어져 잠잘 시간을 놓치기도 하니 적당히 말리기도 해야 한다. 평온하고 평범한 일상이 이어지고 있다.

40대에 들어서며 내가 일하는 분야에서도 꽤 오랜 경력을 소유한 사람이 되었다. 매일매일 열심히 사는데 무언가 충족되지 않는 느낌이 들었다. 인터넷에서 유료 강의도 들어보고, 여전히 책도 꾸준히 읽는 나인데 대체 어느 부분에서 충족되지 않는 걸까? 심리적, 생리적으로 안정되지 않으면 '번아웃' 상태인데, 딱히 그런 것도 아니었다.

아침에 일찍 일어나 공부를 하고, 집안일을 빠르게 한다. 집안일에는 빨래, 청소, 남편과 아이들의 저녁 식사가 포함되어 있다. 11시쯤 이른 점심을 먹는다. 그리고 출근. 출근 후부터 밤늦도록 일하는 생활이 이어진다. 그리고 퇴근. 새벽 1시까지 수업 준비를 하고 잠이 든다.

나의 하루는 몇 년 동안 밥 먹고 설거지해야 하듯 당연하고, 의연하게 흘러갔다. 절대 한가한 일상은 아니다. 오히려 바쁘고 정신없고 챙겨야 할 일이 많다. 내 가족에게 일어나는 일부터 일터에서 일어나는 사소한 부분까지 신경 써야 할 부분이 한두 개가 아니다. 그런데 나는 이런 일상에서 무료함을 느끼고 있었다.

마흔이 넘은 나이에 새로운 공부를 생각하는 건 쉽지 않은 일이다. 아이들이 커 갈수록 교육비가 많이 드는데 내 교육비까지 보탤 요량이면 안 그래도 휠 허리가 꼬부라질 것 같다. 또 바꾸어 생각하면 아이들이 더 크기 전에 끝내면 어떤가? 어떤 사람들은 공부에는 때가 있다 하고, 또 어떤 사람들은 공부는 늙어 죽을 때까지 해야 한다고 한다. 어떤 말이 정답인지는 아무도 모른다. 자신의 상황에 따라 정답이 바뀌는 게 사람 사는 이치가 아닌가.

나는 마흔이 갓 넘은 그즈음, 대학원 진학을 놓고 수없이 고민했더랬다. 내가 다시 공부에 몰두하는 상상을 모래성 쌓듯이 생각의 성을 쌓았다가 현실의 파도가 밀려오면 그 생각을 무너뜨리곤 했다. 하고 싶은 일은 고민 없이 해야 하는 게 맞다. 내가 기혼 여성이 아니었다면 아무것도 생각하지 않고 즉시 실행에 옮겼을지도 모른다. 대학원 진학을 고민했던 이유는 내가 챙겨야 할 가족들이 지금 내가 하고 싶은 일보다 우선순위에 있기 때문이었다.

지인들과 커피 마시는 상황에도 다양한 부류를 마주하게 된다. 늘 돈 자랑을 하면서도 커피 값을 내놓지 않는 사람, 매달 갚아야 하는 빚이 있어도 커피 값을 척척 내놓는 사람, 그리고 그 사이에서 눈치만 보는 사람. 돈 자랑은 했지만 당장 커피 값을 낼 돈이 없을 수 있고, 갚아야 할 돈이 산더미여도 커피 값을 낼 수도 있다.

한턱내며 과시하고 싶은 기분을 누르는 사람과 어색한 분위기가 낯설어 두 눈을 질끈 감고 커피 값을 계산하는 사람 사이에는 대단한 성격적 결함의 차이가 있어서가 아니라는 걸 안다. 어떤 것이든 결정을 하는 마음에는 자신의 상황과 맞도록 견주어 볼 수밖에 없다.

대학원 진학을 결정할 때도 내 상황을 생각하게 되었다. 아무리 생각해도 무리였다. 그럼에도 불구하고 하고 싶다는 생각이 들었다. 앞선 걱정들보다 내가 해야 할 공부로 미래에 어떤 것을 더 성취할 수 있단 것만 생각하고 싶었다. 그리고 하고 싶다는 내 마음에 집중해 보기로 마음먹었다. 이런 중대한 결정에는 남편의 의견도 무엇보다 중요했다. 내가 공부한답시고 비워 두는 시간과 집안일들을 남편과 더 나누고 함께 해야 하므로.

"공부를 다시 해볼까 하는데 어때?"
"네가 하고 싶으면 하는 거지 뭐. 내 도움이 필요하면 말해. 할 수 있는 건 할게."

남편의 대답은 의외로 명쾌했다. 나를 오랜 기간 지켜봐 왔고, 지극히 나를 잘 아는 사람이기에 그랬는지도 모른다. 무엇보다 신중하게, 오랜 시간 고민했지만 나를 위해 큰돈을 쓸 수 있다고 다짐한 내가, 처음 본 사람처럼 낯설게 느껴지던 순간이기도 했다.

나중에 남편에게 대학원 가는 게 간단한 문제가 아닌데 어떻게 태연한 얼굴로 그러라고 했는지 물어보았다. 남편은 확신에 찬 얼굴로 나에게 말했다.

"네가 뭘 한다고 했을 때, 대충한 걸 본 적이 없는데?"

2

팬데믹도 이기는 책 읽기

내가 행동을 바꿔야 한다면
누가 나를 싫어해서가 아닌 바로 나를 위해서야 했다.

- 「가난해지지 않는 마음」, 양다솔 -

전쟁 영화나 군인이 나오는 드라마를 보면 지뢰가 가득 숨겨져 있는 곳을 지나는 주인공의 발걸음을 숨죽이며 본다. 등장인물의 긴장된 거친 숨소리가 공포에 가깝고, 어느 시점에 앗! 하며 지뢰를 밟았다는 신호를 보낼지도 모르기에. 코로나가 한창인 시기에 주변은 지뢰밭이었다. 전화벨이 울리거나 문자 오는 소리가 들리면 못 들을 걸 들은 사람처럼 놀랐다. 확진자를 발본색원하듯 찾아내던 시기라 더욱 그랬다. 제일 겁났던 건 휴강이었다. 휴강은 말 그대로 강의를 쉬는 일이지만 더불어 나의 생계도 쉬어가야 한다는 뜻이다. 수업과 휴강을 번갈아 이어가다가 제자들이 확진 소식을 전해 오면 꼼짝 못 하는 신세가 되기도 했다.

코로나로 아이들 등교 중지가 시작되고, 온라인 수업에 적응하는 시기에 나도 대학원에 입학했다. 출근해야 하는 사람 외에는 모두가 출입을 삼가던 시기였다. 마스크 값도 천정부지로 치솟아 마스크 구하기가 하늘의 별 따기였다. 학교가 온라인 수업을 하는 중에 사교육에 아이를 보내는 부모님은 없었다. 자연스레 강제 휴가 기간에 들어갔다. 남편의 월급으로는 더하기 빼기를 해 봐도 빠듯했고, 무얼 먹고살아야 할지 막막하기만 했다. 일은 하지 못했지만 대학원 수업은 시작되었다. '할 수 있을까?'라고 막연하게 생각했는데 현실에서는 막막함이 뚜렷한 답답함으로 다가왔다. 매주 써야 할 소논문과 과제가 쏟아졌다. 돌아서면 과제, 돌아서면 제출에 헉헉 댔다.

내 생계를 위협하고 일상의 영위를 막는 코로나가 미웠다. 한 대 때려줄 수 있는 상대였다면 축구공 차듯 휙 차서 하늘 위로 날려 버리고 싶은 심정이었다. 과연 일과 공부를 함께 할 수 있을까 의구심이 들었다. 막상 공부를 시작하니 고민은 깨끗이 해결되었다. 오히려 코로나가 공부를 다시 시작하는 좋은 기회가 되었다. 코로나로 일을 쉬고 있었으니 종일 학교 공부에만 매달릴 수 있었다. 첫 시작을 일과 함께였다면 버티지 못했을 것 같다. 시작한 공부가 문학이라 평소보다 더 많은 책을 읽고 분석해야 했다. 수업용, 취미용으로 읽었던 책을 연구용, 과제용으로 읽어야 했다. 일은 하지 못했지만 일하며 지내는 시간보다 더 바쁘게 보냈다.

한두 달이 지나자 새로운 공부에도 점점 익숙해져 갔다. 남편만 회사에 출, 퇴근하고 나와 아이들은 2개월이라는 시간을 그대로 집 안에서만 보냈다. 장을 봐야 할 때는 인터넷으로 주문해서 집 앞 배송을 받았다. 집 안에만 있는 시간이 길어지자 아이들을 챙겨야 하는 것도 모두 내 몫이 되었다. 예전엔 스스로 하던 일도 엄마가 집에 있으니 아이들도 나태해져 갔다. 단단하게 잡아 두었던 습관도 바람에 날리듯 흩어져 버렸다. 속상했다. 스스로 하는 좋은 습관을 잡아 주기 위해 얼마나 많은 시간을 공들였던가.

빨래처럼 아무렇게나 널브러져 있다가 저녁이 되면 나의 잔소리가 시작되었다. 온라인 수업 강의 정리했니?, 학원 선생님이 문자로 내준 숙제했니?, 책은 읽었니? 등. 나는 곧 잔소리를 멈추었다. 아이들에게 오늘 할 일 계획표를 쓰라고 하고 스스로 챙기라는 말만 했다.

나는 내 공부에 더 집중하기로 했다. 아이들이 해놓지 않은 일에 화 내봤자 나만 손해인 일이었다. 아이들에게 계획을 세워 보라고 한 것처럼 나는 내 공부에 계획을 세워 하나씩 해결했다. 집안일과 공부가 동시에 눈에 들어와 해결하기 힘들다가 점점 집안일은 집안일대로 공부는 공부대로 시간을 배분하며 계획대로 움직였다.

내가 공부하는 시간에는 아무도 찾지 않았다. 도울 수 있는 일은 뭐든지 하겠다고 했던 남편이 아이들에게도 귀띔해둔 모양이었다. 아이들에게 잔소리는 1절로 끝내고, 화가 날 것 같으면 나만의 공부 세상으로 빠져들었다. 몰입하는 시간에는 오직 공부만 보였다. 다시 시작한 공부는 언제든지 도망갈 수 있는 안식처가 되곤 했다.

내가 책 보고, 공부하는 시간에 아이들도 공부하고 숙제하기 시작했다. 굳이 시키지 않아도 내가 책상에 앉으면 아이들도 책상에 앉았다. 내가 식탁에 앉아 책에 집중하니 아이들도 남은 식탁 의자를 하나씩 차지하고 책을 봤다. 아이를 공부하게 하려면 부모가 공부하라는 말이 있다. 책 읽고 분석하는 것이 나의 공부였기에 어쩔 수 없이 해야 하는 일이었는데, 아이들이 나를 따라 책을 읽고 있었다.

"엄마, 이 책에 나오는 사람 진짜 웃겨."
"엄마, 이건 무슨 뜻이야?"
"엄마, 이 책에 나오는 사람들은 이상한 말을 많이 해."
"휴~ 이 책은 찾아볼 게 너무 많아."

아이들과 나는 따로 또 같이, 책이 안내하는 세상 속으로 점점 빠져들고 있었다.

3
나의 친애하는 작가님

내 것 아닌 것은 항상 그리운 법, 한 문장이 그리웠다. 몸살 나게 지독한 열병이었다.
그러다가 괜찮네, 라는 누군가의 한 마디에 나는 선택된 시가 되었다.

- 「즐거운 거짓말」, 임창아 -

롤 모델이란 해야 할 일이나 임무에서 본받을 만하거나 모범이 되는 대상을 말한다. 나는 그분의 글맛을 배우고 싶었다. 그분의 글을 읽으면 문장 속으로 한없이 끌려 들어가는 기분이다. 나는 그분처럼 글을 쓰고 싶었다. 남들에게 나의 롤 모델이라고 말하고 다녔다. 한없이 부족한 내가 그분을 두고 롤 모델이라는 말을 운운해도 되는지 걱정이 앞선다. 그분은 나의 친애하는 작가님, 박완서 작가이다.

나는 사람들에게 내 개인적인 사정을 이야기하는 걸 꺼리는 편이었다. 사람들과 만날 때, 내가 내어놓는 이야기가 이상하게 들릴까 봐 걱정했던 것 같다. 낯선 사람과의 대화가 불편해서 새로운 인연을 맺기도 힘들었다. 예전에 〈느낌표〉라는 텔레비전 프로그램 속에 '책 책 책 책을 읽읍시다'라는 코너가 있었다. 거기에서 『그 많던 싱아는 누가 다 먹었을까』라는 책을 소개했다. 그때 박완서 작가의 책을 처음 접했다. 박완서 작가는 일제강점기, 6.25전쟁 등 많은 역사적 사건을 직접 겪었다. 박완서 작가는 민족의 고통이라 불리는 사건을 겪은 이유는 그것을 증언할 책임과 의무를 받았다고 생각했다. 작가는 자신이 겪은 일들을 소설로, 산문집으로, 수필로 세상에 남겼다. 자신이 겪은 일을 세상에 내놓고, 그것이 역사의 한 부분임을 글로 증언했다. 전쟁을 겪는다는 건 감히 짐작만으로는 가늠할 수 없는 엄청난 고통이었을 거다. 전쟁에서 겪은 일을 증명하듯 글로 썼다는 게 대단한 용기라고 생각한다.

생각이 날 때마다 박완서 작가의 책을 인터넷에 검색해 하나씩 사다 모았다. 『박완서의 말』이라는 책이 있다. 박완서 작가의 딸 호원숙 작가가 박완서 작가와의 인터뷰 중 책으로 내지 않았던 이야기를 엮은 것이다. 『나목』을 쓰기 전에는 소설 쓸 생각을 해보지 않았는지 물어본 질문에 언젠가는 글을 쓸 것 같은 예감을 늘 하며 살았다고 대답했다. 살면서 부당한 대우를 받거나 이상한 사람을 만날 때면, 언젠가는 그것을 글감으로 써 보겠다고 생각했다고 한다. 그러면 불행한 마음이 줄어들어 위안이 되었다고. 그래서 박완서 작가의 책을 읽으면 다양한 사람들의 이야기를 많이 볼 수 있다. 어렸을 때의 시골 생활에 대해서도, 각박한 도시 생활에 대해서도 지루하지 않고 흥미로운 일화를 많이 만날 수 있다.

나는 학생들에게 독서와 글쓰기를 가르치는 일을 하고 있다. 논술 교재 회사와 계약을 맺고 작은 교습소를 운영한다. 중, 고등학생 교재에 박완서 작가의 『그 많던 싱아는 누가 다 먹었을까』가 선정 도서로 들어가 있다. 내가 가장 존경하는 작가의 책이 교재로 선정되기가 어디 쉬운 일인가. 마치 운명 같은 느낌이었다. 가르치는 학생들은 내가 박완서 작가의 열렬한 팬이라는 걸 다 안다. 교습소에는 박완서 작가의 책 코너가 따로 마련되어 있을 정도이니 학생들이 모를 수가 없다.

개인 SNS에 『그 많던 싱아는 누가 다 먹었을까』를 읽고 필사한 내용을 올린 적 있다. 마침 그때는 박완서 작가의 10주기였던 해여서 언론사 여기저기에서 추모하는 행사가 열리고 있었다. 어느 날 한 신문사에서 기자에게 SNS로 쪽지가 왔다. 박완서 작가의 10주기 행사를 하고 있는데 짧은 글을 써 줄 수 있겠느냐는 내용이었다. 유명 인사 몇몇과 일반 독자 중에서 몇 명을 골라 신문에 실을 예정이라고 했다. 박완서 작가의 10주기 행사에 내가 참여할 수 있다면 얼마나 큰 영광인가. 하지 않을 이유가 없었다. 고민 없이 그냥 하겠다고 했다. 그런데 하겠다고 말하고 나서는 덜컥 겁이 났다. 무슨 말을 어떻게 써야 할지 그때부터 막막해지기 시작했다. 더구나 시간이 매우 촉박했다. 아무렇게나 쓸 수도 없고, 많이 고민할 시간도 없었다. 고민할 수 있는 시간만큼 충분히 고민하고 박완서 작가에 대해 내가 느끼는 바와 책을 읽은 느낌을 간단히 적었다. 그리고 기자에게 메일로 보냈다. 며칠 뒤 내가 쓴 글이 신문에 실렸다. 내 이름, 나이, 직업이 신문에 찍혀 있었다. 여러 유명 인사들과 함께. 존경하는 작가를 추모하는 행사에 작으나마 참여할 수 있게 되니 가문의 영광을 누리는 것 같았다.

인터넷 신문에만 올라올 줄 알았는데 종이 신문에도 실린다고 했다. 인쇄된 신문에 내 이름이 찍힌 것을 보고 싶었다. 요즘은 종이 신문을 사람들이 잘 보지 않기에 주변에 신문을 받아 보는 사람이 있는지 생각했다. 갑자기 번쩍! 누군가가 떠올랐다. 20년 넘게 종이 신문을 받아 보는 사람이 있었다. 바로 우리 엄마다. 엄마에게 당장 전화를 걸어 보았다. 엄마는 점심 장사를 막 끝내고 잠시 쉬는 중이 라고 했다.

"엄마, ○○신문, 내일 거 구할 수 있을까?"
"글쎄. 엄마는 그 신문 안 받아 보는데. 왜?"
"내가 쓴 짧은 글이 신문에 나오게 되었는데…."
"뭐? 그걸 왜 이제 이야기해? 엄마가 받아 보는 신문사에 전화해 서 구해 줄 수 있냐고 물어볼게."

다음 날 아침, 엄마에게 전화가 왔다.

"미야~ 신문 구해 놨어. 엄마가 좀 전에 보니, 네 글이 있더라. 이 름이랑 나이 직업까지 나와 있더라. 진짜 신기하네."

엄마는 내 글이 실린 신문을 읽고 기분이 좋아서 호탕하게 웃었다. 내가 어른이 되어 엄마를 이렇게 즐겁게 해준 적이 몇 번이나 있었던가. 손톱만큼 작은 글씨로 딸의 이름이 새겨진 신문을 보고 엄마는 행복해했다. 그날 이후로 엄마는 박완서 작가의 이름을 알게 되었다. 엄마도 책을 좋아해서 엄마와 종종 박완서 작가 책에 관해 이야기를 나눈다. 나는 사 남매라서 엄마가 오로지 내 차지였던 기억이 별로 없다. 박완서 작가 이야기를 할 때면 엄마는 오로지 내 차지가 된다. 이러니 박완서 작가가 어찌 나의 친애하는 작가가 아닐 수 있겠는가.

4
책을 좋아하는 사람들의 공통점

내가 모르는 분야의 일과 삶 이야기를 한 권의 책으로 배울 수 있다는 것은
책이 주는 가장 큰 매력이다.

- 「책만 읽어도 된다」, 조혜경 -

좋아하는 일에 대해 마음껏 이야기할 수 있는 상대가 있다는 건 행운이다. 나는 분명 좋아하는데 주변에 함께 나눌 사람이 없다는 건 또 불행이다. 나는 좋아하지 않는데 곁에 있는 사람이 좋아하는 것을 함께해 줄 수 없는 마음은 무겁다. 내가 좋아하는 일인데 다른 사람이 좋아하지 않는다는 걸 알고 눈치만 보는 마음은 외롭다. 행운과 불행, 무거움과 외로움 사이에서 적당히 받고, 적당히 받아주는 시간을 보내고 나면 가끔은 허무하다. 나의 즐거움을 찰떡같이

맞장구쳐줄 누군가가 절실히 필요하다.

　책을 좋아한다. 무엇이라도 읽는 걸 좋아한다. 어쩌다 좋은 책을 읽으면 재미있는 드라마를 이야기하듯 다른 사람과 수다 떨며 나누고 싶을 때가 있다. 그런데 내가 책에 대해 깊이 있는 대화를 시도하면 사람들은 "나 책 안 좋아해.", "책은 지루해."라는 말을 많이 했다. 어쩌다 책을 좋아한다는 사람을 만나도 나와 취향이 달라 대화가 오래 지속될 수 없었다.

　드디어 만났다. 나의 즐거움을 함께 맞장구쳐 줄 사람. 다경은 딸의 친구 엄마로 처음 만났다. 다경과 나는 동갑내기여서 자연스럽게 친해졌다. 대화를 이어가며 가끔 책 이야기가 툭툭 튀어나왔다. 그럴 때 나는 눈치를 보았다. 책 이야기를 좋아하지 않는 사람에게 책 이야기를 하는 건 예의가 아니다. 그런데 다경은 달랐다.

　"무슨 책이야? 나 빌려줄 수 있어?"

　내가 무심코 하는 책 이야기에 다경은 관심을 보였다. 책 이야기에 관심을 보이면 신나서 더 이야기하게 된다. 일회성으로 끝나고

마는 관심은 아닌지 또 눈치를 살핀다. 그런데 이번엔 아니다. 다경과 책 이야기를 나눌 수 없었다면 동네 친구 정도의 선에서 그쳤을지도 모른다. 읽고 있는 책은 현재 그 사람의 관심사를 말해 주기도한다. 책으로 친해지긴 했지만 다경과는 전반적인 생각의 범위가비슷했다. 아이를 양육하는 방법, 남편을 생각하는 마음, 다른 사람을 대할 때의 태도까지 비슷한 점이 많았다. 아이들의 나이가 같고,우리들의 나이가 같아서 관심사가 비슷할 수밖에 없는 환경에 맞춰져 있기도 했다.

나는 모르는 분야나 궁금한 점이 있을 때 관련된 책을 찾아본다.책에는 한 가지를 주제를 자세하게 풀어 놓는 경우가 많으니 책 한권으로 궁금한 부분을 자세히 알 수 있다는 게 책의 매력이다. 다경도 나와 같은 방법으로 궁금한 점을 책에서 찾아 해결하고 있었다.사춘기 아이를 키우니 사춘기의 심리에 대해 궁금할 때가 많다. 내가 사춘기의 심리에 관한 책을 읽고 있으니 다경도 비슷한 주제가궁금하여 함께 읽기도 했다. 잘 모르는 부분을 자세하고 깊이 있게알고 싶을 때 책이 많은 도움이 된다. 책 한 권 값으로 상황에 맞는적당한 지혜를 터득할 수 있다는 건 더 큰 매력인 것 같다.

다시 공부를 시작하며 만난 사람들이 있다. 나는 그 사람들을 '글벗'이라 부른다. 가끔 행사가 있을 때 글벗들과 모인다. 글벗들은 전국 각지에 흩어져 살고 있는데 한 번씩 모이게 되면 서울에서 모이곤 한다. 자주 만나기는 어렵고 한 번씩 날을 잡아 만나는데 글벗들을 만나면 밤에 잠잘 생각을 하면 안 된다. 글벗들을 만나면 책 이야기로 밤을 지새운다. 그것도 모자라 재미있게 읽었던 책을 가지고 와서 서로에게 선물하기도 한다. 좋아하는 책의 취향이 같은 경우도, 다른 경우도 개의치 않는다. 새로운 무언가를 알아야 할 때는 책으로 습득하는 것을 가장 편안하게 생각한다.

"책 이야기는 이 모임에서만 할 수 있어요. 용건만 간단히 말하는 세상에 책 이야기하면 사람들이 별로 안 좋아해."

누군가가 한 말에 모두 하하하 웃는다. 동감의 의미다. 책으로 몇 마디는 가능하지만 더 깊이 들어가면 곤란해진다. 동호회에는 같은 취미를 가지고 활동하는 사람들이 모인다. 사람들은 취미를 다른 사람과 나누고 싶으면 동호회에 들어가 정보를 공유하고, 함께하는 즐거움까지 얻는다. 책을 좋아하는 사람들도 마찬가지다. 낚시를 좋아하는 사람들이 옆에서 낚시 이야기를 하면 낚시에 대해 하나도 모르는 나 같은 사람은 금방 지치고 만다. 듣기 싫어서라기보다 호응해 줄 수가 없어서.

글벗들과 만나 책 이야기를 하면 사소한 부분까지 이야기를 나눈다. 책 표지와 글씨 포인트, 저자에 관한 이야기까지 다양하게 이야기를 나눈다. 그러면 몰랐던 사실을 알게 되고, 새로운 부분에 관심을 가지게 되기도 한다. 책을 좋아하는 사람들은 세상의 괴로움을 잠시라도 잊을 수 있는 잠깐의 도피처가 책이 될 수 있다고 생각한다.

위로를 받기 위해 책을 찾으면, 책 속에는 여러 가지 이야기로 나를 위로한다. 내가 지금 가장 힘들다고 생각한 순간도 한 문장으로 아무것도 아닌 일로 만들어 버릴 수 있는 게 책이었다. 책 속에는 내가 처한 상황보다 더 갑갑하고, 힘든 처지에 있는 사람들이 많았다. 그래도 그들보단 '내가 낫네.'라는 생각만으로도 안심이 되곤 한다.

보이지 않는 것의 가치가 존중되는 시대이다. 조급한 성과주의에서 벗어나 긴 호흡으로 도전하고 축적하는 시간을 쌓아야 한다. 사람마다 얼굴이 다르듯 취향도 제각각이라 생각과 아이디어를 쌓는 방법도 다르다. 나는 나에게 알맞은 취향으로 그 시간을 쌓을 방법을 책 읽기로 채우고 싶다. 혼자가 아니라 함께 할 친구와 글벗들이 있으니 이미 많은 부분을 채운 거라는 든든한 마음이 든다.

여행 코스에 독립서점을 넣다

모른다는 말로 도망치는 사람과 모른다는 말로 다가가는 사람.
세계는 이렇게도 나뉜다.

-「실패를 사랑하는 직업」, 요조 -

"이제 매년 오자."

코로나가 지구 전체를 흔들기 전, 제주 여행을 다녀오며 비행기에
서 남편과 얘기했다. 예전에도 제주로 가는 비행기를 몇 번 탔었지
만 오로지 우리 가족만 갔던 적은 없었다. 다른 가족과 함께였거나
아이들이 태어나지 않던 시절이었다.

제주를 떠올리면 '아름다움'이라는 단어가 떠오른다. 제주가 아름

다운 곳이라는 걸 모르는 사람은 없다. 공항에 내리자마자 '우와'라는 탄성이 터져 나올 만큼 환상적인 곳이다. 풍경만으로 '아름다움'을 떠올리진 않았다. 제주를 떠올리며 따뜻한 음식을 생각했고, 다녔던 곳곳에서 누렸던 편안함과 해방감을 생각했다. 바로 그거다. 마음껏 자유로울 수 있었던 마음. 제주에서는 어디에서부터 시작되었을지 모르는 완벽한 자유를 느꼈다. 비행기 예약 시간이 될 때까지는 현실로 돌아가지 않아도 되는 곳, 함께 갔던 사람들과 순간의 욱한 감정을 못 이기고 싸워도 언제든 다시 마음을 돌릴 수 있는 곳, '갇혔다'라는 생각을 우스갯소리로 하면서도 마냥 행복할 수 있는, 제주는 나에게 그런 곳이었다.

매년 오자고 약속한 지 3년이 지났다. 해외여행도 예전처럼 자유롭게 가게 되었다. 남편과 나는 겨울이 막 시작되었던 12월에 아이들과 제주 여행을 다시 계획했다. 아이들도 몇 년 전에 갔던 제주를 떠올리며 설레어했다. 우리 가족은 제주에서 가고 싶은 곳을 하나씩 얘기하고 원하는 곳에 다녀오기로 했다. 제주 안에서는 차만 있으면 원하는 곳 어디든지 갈 수 있으니 각자 원하는 곳을 이야기했다. 남편은 제주에 여러 번 갔지만 '섭지코지'에 한 번도 가 보지 못했다고 했다. 아이들은 '키티 박물관'에서 몇 년 전 찍었던 카드 가족 사진을 다시 한번 찍고 싶다고 했다. '키티 박물관'에서만 느껴지는 '갬성'이 있다며.

"엄마는 어디 가고 싶어?"

"나는… 책방 무사에 가고 싶어."

"책방 무사가 뭔데?"

"서. 점."

"뭐? 제주까지 가서 책 사러 간다고?"

남편과 아이들은 내가 제주에 가서도 서점에 가겠다고 하니 눈살을 찌푸렸다. 나의 유난스러운 책 사랑을 혼자 하게 내버려 두는 건, 가족 누구에게도 강요하지 않고 오로지 혼자 즐기기에 가능했던 거였다. 제주에 가서까지 책을 들여다보러 가겠다고 하니 모두 고개를 절레절레 흔들었다. 약속은 약속. 가고 싶은 곳을 한 곳씩 군말하지 않고 가기로 했으니 낙장불입이다.

'책방 무사'는 가수이자 작가인 '요조'가 운영하는 독립서점이다.

독립서점은 서점 주인의 취향대로 꾸민 작은 서점을 말한다. 많은 사람이 책방 무사는 관광지처럼 가는 곳이기도 하다. 책을 좋아하는 사람들이 제주에 가면 한 번쯤 들르는 곳이라 하니 나도 가 보고 싶었다. 제주에 도착해서 남편과 아이들이 가고 싶다는 곳들을 먼저 다녀왔다. 가족들이 원하는 곳에 먼저 다녀와야 싫은 소리를 덜 들을 것 같아서였다. 그리고 맛있는 점심 메뉴로 든든하게 배를 채우게 했다. 사람은 자고로 맛난 음식을 먹어야 불만이 생겨도 용서되는 법. 계획대로 착착 진행되었다. 책방 무사에서 나를 기다리는 책들이 어떤 것들일지 기대되고 설렜다. 인터넷으로 주문하면 바로 집 앞으로 배송되는 책일지라도 책방 무사에서 사는 책에는 제주의 향기가 묻어 있을 것만 같았다. 책 페이지마다 제주를 품고 집으로 가지고 갈 생각에 들떴다. 운이 좋게 가수 요조를 만나면 사인도 받아 두어야겠다는 상상도 했다. 날씨도 좋고, 모든 것이 완벽했다.

드디어 기대했던 책방 무사 앞에 도착했다. 책방 무사 앞에는 초등학교가 있었다. 서점 앞에 초등학교라니 더 정다운 마음이 들었다. 차에서 내려서 책방 무사 앞으로 뚜벅뚜벅 걸어갔다. 주변이 조용했다. 평일이라 그런가? 서점 쪽으로 더 가까이 가 보았다. 아니,

제주 고유의 대문 정주석으로 입구가 막혀 있는 것이 아닌가. 문 앞에 가니 안내문이 붙어 있었다. 지금은 겨울 방학이라고. 종일 책방 무사에서 발견할 이야기를 기다렸다. 아이가 달콤한 솜사탕을 손에 쥐고, 그것을 한 입 베어 물 순간을 기다리듯, 내 기다림도 달콤하고 설레는 것이었다. 나의 기다림을 알기에 남편과 아이들이 더 아쉬워했다.

어쩔 수 없이 차를 돌려 책방 무사가 있는 곳을 벗어났다. 갑자기 길 잃은 고양이 마냥 속수무책의 상태가 되어 버렸다.

"그렇게 기대했는데 어쩌냐?"

"할 수 없지 뭐."

남편은 운전하며 슬쩍 내 눈치를 보고 말했다. 우리는 마음이 이끄는 대로 차를 타고 달렸다. 저 멀리 바다가 보였다. 갑자기 구름이 잔뜩 몰려왔다. 구름이 뭉텅뭉텅 하늘을 빠르게 채우고 있었다. 푸르렀던 하늘이 하얀 솜사탕 같은 폭신함으로 뒤덮었다. 바다가 구름 이불을 덮고 있는 느낌이었다. 우리는 차를 세우고 바다 가까이로 갔다. 안내판이 있는 곳으로 가서 보니 '태웃개'라는 곳이었다.

손을 내밀면 바닷물을 만질 수 있었다. 이불 같은 구름 사이로 해가 나왔다 사라졌다 했다. 그 풍경을 휴대전화로 찍었다. 책방 무사에 가지 못했다는 실망감은 바다의 파도 소리에 멀리 날아가 버렸다. 파도 소리, 파도처럼 밀려왔던 하얀 구름, 바다 앞에서 한가롭게 거닐던 아이와 남편의 모습을 영상에 담았다. 제주의 푸근함과 편안함도 함께 담았다.

6

책 속에서 찾는 교집합

사람을 딱 한 번만 보고 판단할 수 있을까? 사람의 성향을 파악할 때는 한 부분만 보고 판단하지 않는다. 무수한 선과 면들이 한 장면을 만들고 그 면면들이 모여 한 사람의 총체적 성향을 이룬다. 어떤 일을 잘못 해석하는 것을 오해라고 한다. 사람을 한 번만 보고 성향을 파악한다는 말은 오해인지도 모른다.

책을 읽으면 책을 쓴 저자의 면면들을 볼 수 있다. 작가와 대면한 적이 없어도 작가가 살아 온 삶의 태도가 어떤지 짐작이 간다. 물론다 알 수는 없다. 작가가 겪은 경험이 나의 상황과 맞을 때는 감탄사가 절로 나올 정도로 공감한다. 그럴 때면 작가와 친해진 듯한 느낌이 들어 괜히 어깨가 올라가고 으스대고 싶은 생각이 들기도 한다.

수미 작가의 『애매한 재능』에서 가족들의 '프로필'을 작성했던 글을 본 적이 있다. 그중 작가의 고모님 프로필이 인상적이었다. 작가는 고모에게 소원이 무엇이냐고 물었다. 고모는 지금의 나와 똑같은 소원을 말하고 있었다. 고모의 소원은 한숨 푹 자는 거라고 했다. 한숨 자고 싶다는 말에는 오늘의 노고가 고스란히 들어 있다. '졸립다'는 말과는 또 다른 거다. 한숨 자는 걸로 해결되지 않는다는 걸 안다. 그 한숨 안에는 짧게나마 피로를 풀 수 있는 비타민이 들어 있다는 의미일 거다. 고모의 쌓인 피로의 깊이가 얼마큼인지 알 것 같았다. 고모의 힘든 하루가 내 하루와 겹쳐져 고개를 끄덕이게 했다.

수업 태도가 좋지 않은 학생의 학부모에게 전화한 적이 있었다. 학부모는 기분 나쁜 내색을 했다. 어쩌면 당연하다. 자식이 잘하고 있다는 얘기를 들으면 좋을 텐데 수업 태도가 좋지 않다는 얘길 들으면 기분 좋을 부모가 어디 있겠는가. 그래도 할 말은 해야 했다.

그날은 썩 좋지 않은 감정으로 전화를 끊었다. 얼마 뒤 그 학부모와 또 통화할 일이 생겼다. 학부모가 나에게 전화를 걸어왔는데 횡설수설했다. 술에 취한 목소리였다. 나는 내 이야기를 하고, 학부모는 학부모의 이야기만 하는 이상한 통화가 오래도록 지속되었다. 통화 내용이 도돌이표처럼 계속 돌아갔다. 학부모는 혼자 목소리를 높이다가 전화를 끊어 버렸다. 통화가 끝나고 내가 더 자세히 설명했어야 했나, 나의 설명이 부족했나를 떠올리며 생각하고 또 생각했다. 그런데 문득 떠올랐다. 모든 일은 내가 의도한 대로만 흘러가지 않는다는 것. 내가 행한 최선이 상대방에게 최선이 아닌 것으로 받아들이는 경우, 나도 어쩔 도리가 없다. 그리고 나는 그날의 불쾌함을 먼지 털 듯 털어 버리기로 했다. 어떻게든 내 속을 긁으려고 하는 말을, 내가 장단 맞출 필요가 뭐가 있으랴.

고수리 작가는 어느 신문의 칼럼에서 가끔 가족들의 신발을 신어 본다고 했다. 신발을 신어보면 신발 주인이 어떤 걸음으로 걸으며 살아가는지 알 수 있다고 했다. 안창이 패인 신발의 주인과 뒤축이 닳은 신발 주인의 삶은 같을 수가 없다. 예전에 학생들의 집으로 찾아가며 수업한 적이 있었다. 옷을 아무거나 입을 수 없었다. 편한 옷보다는 조금은 갖추어진 느낌의 옷을 입었다. 지금은 정장에도 운동화를 신는 경우가 많지만 그때는 그렇지 않던 시절이었다. 옷을 갖춰 입었으니 구두를 신어야 했다. 구두를 신고 종일 돌아다녀야 했다. 발에 티눈이 나고 물집이 잡히는 경우가 많았다. 발이 피곤하면 몸 전체가 힘든데 구두를 벗기는 어려운 상황이었다.

방문 수업을 그만두고 학원으로 출근할 때는 상황이 달라졌다. 학원에서는 학원용 실내화를 신었기 때문에 구두를 신을 필요가 없었다. 운동화만 신고 다녔다. 티눈과 물집으로 엉망이었던 발이 점점 예쁜 발로 돌아왔다. 요즘에는 가끔 구두 신을 일이 생긴다. 구두를 신고 있다가 벗으면 어김없이 물집이 돋아나 있다. 10년도 더 지났는데 불편함을 몸이 기억하는 모양이다. 칼럼에서 고수리 작가는 '다른 사람의 신발을 신고 오래 걸어보기 전에는 판단하지 말라'던 말을 떠올랐다. 신발에는 신발 주인만의 사정이 있는 거라고. 그 말이 무엇인지 알 것 같았다.

책이나 우연히 접한 글에서 공감하는 내용을 읽으면 활자들이 춤을 추며 내 마음속으로 들어온다. 작가들이 겪었던 경험이 나의 경험과 겹치는 경우는 어느새 나는 작가의 친구가 된다. 글은 자세하고 섬세한 특징이 있기에 책 한 권으로도 작가의 취향을 알 수 있는 경우가 많다. 그래서 내가 읽은 책들의 작가들을 잘 아는 듯한 착각에 빠지기도 한다. 월급의 아주 작은 일부분을 떼어 책을 사면 작가의 많은 경험도 함께 오는 것 같다. 작가의 말들은 오늘의 나를 웃게 하고 깨닫게 한다. 책과 나의 관계는 이렇게 호혜적이니 끊을 수 없는 인연이다.

7

편리했던 편견을 버리고

나를 인식할 줄 알게 되면
인생의 중심을 잡을 수 있다.

- 「지금은 나만의 시간입니다」, 김유진 -

나는 어릴 때도 만화를 좋아하지 않았다. 내가 중학교에 다닐 때
는 인기 있는 만화가들의 만화를 볼 수 있는 월간지가 있었다. 〈보
물섬〉, 〈챔프〉, 〈밍크〉가 유명했다. 만화가들이 지금의 아이돌처럼
인기가 있던 시절이었다. 월초가 되면 친구들은 만화 월간지를 사
기 위해 용돈을 쏟아부었다. 용돈이 부족하면 친구들과 나 한 번, 너
한 번 하는 식으로 돌아가며 사기도 했다. 친구들이 만화에 열광할
때도 나는 관심이 없었다. 내가 만화에 전혀 관심이 없으니 친구들

이 딱 한 번만 보면 반할 거라고 장담했다.

어느 날은 친구들의 성화에 만화책을 빌려왔다. 집에 와서 찬찬히 읽어 보았다. 만화 보느라, 말 주머니 읽느라 눈이 바빠졌고, 줄글로 읽을 때와 다르게 피로가 밀려왔다. '나는 만화 취향이 아니구나.'라고 생각하며 다시는 만화책을 들여다보지 않았다.

결혼 전에 학생들이 만화를 읽고 있으면 만화 말고 이야기책을 읽으라고 충고하기도 했었다. 만화를 많이 읽으면 창의성이 떨어지고, 상상력이 저하된다는 이유를 덧붙이며 만화를 좋아하는 아이들이 취향을 존중해 주지 못했다.

결혼 후 남편과 각자의 짐을 각자의 본가에서 가져와 정리할 때였다. 나는 시집, 소설, 에세이 같은 종류의 책을, 남편은 만화책과 무협지 종류를 가득 챙겨 왔다. 책을 꽂을 구역을 정하고 정해진 곳에 책을 정리했다. 남편과 나의 취향은 줄글 책 파와 만화책 파로 확실히 달랐다. 서점에 가도 남편은 만화책 코너에, 나는 줄글 책이 있는 코너에 오래 머물렀다. 보이지 않는 38선이 남편과 나의 취향을 반영하고 우리 부부의 다름을 확연히 드러나게 했다.

시간이 지나자 남편과 나는 서로의 영역으로 가끔 넘어가 취미를 공유하기도 했다. 남편이 내 책을 읽어 보기도 하고, 내가 남편의 만화책을 들여다보기도 했다. 만화는 사람들에게 쉽게 읽힌다. 쉽게 읽히니 만화는 쉽게 만들어지는 줄 알았다. 그런데 만화는 절대 쉽게 쓰인 게 아니었다. 많은 등장인물과 스토리 연결이 대하소설 못지않았다. 오히려 복잡해서 만화 읽기가 힘들어질 정도였다.

〈나 혼자 산다〉에서 기안84가 만화가로 활동하는 모습도 보았다. 만화의 완성도를 위해 몇 날 며칠을 밤새우고 함께 일하는 직원들과 고생하는 모습이었다. 쉽게 읽히기 위해 작가가 얼마나 애를 쓰며 힘을 쓰는지 이제는 안다. 내가 그동안 만화에 관해 가지고 있던 생각은 편견이었던 게 분명했다.

아이가 태어나면서 만화 도움을 많이 받았다. 만화는 내가 아이들을 키울 때 나의 휴식 시간을 보장해 준 고마운 존재였다. 아이가 자랄 때 '뽀로로'의 도움을 받지 않은 부모가 과연 몇이나 될까? 뽀로로가 어린아이를 키우는 부모에게 구세주 같은 역할을 했다는 건, 많은 사람이 인정하는 부분일 거다. 아이를 키우면서 만화를 향한 내 생각이 편견이었다는 것이 더욱 선명해졌다.

언런이라는 말이 있다. 언런은 자신만의 신념과 가치관을 모두 과감하게 삭제하는 것이다. 내가 심어 놓은 나에 대한 기억과 남들이 나를 생각하는 모습, 그리고 기존에 가지고 있던 정보로 사람을 함부로 파악하는 것도 모두 삭제해야 한다. 내가 세상을 바라보던 눈을 과감히 삭제하면 보는 시야가 넓어지고 고정관념에서 벗어날 수 있다.

나는 만화에 대해 평소에 가지고 있던 생각을 언런하기로 했다. 만화는 사람들에게 다양한 방식으로 위로해주고 있다. 웹툰 만화로 연작되었던 작품이 드라마가 되어 그 드라마는 나의 무료한 시간을 달래 주기도 한다. 만화가 드라마로 재구성할 정도라면 사람들의 마음을 움직이게 할 정도로 스토리가 탄탄하다는 걸 증명하는 것일 거다.

나의 학창 시절에는 〈슬램덩크〉라는 만화가 유행이었다. 슬램덩크와 더불어 〈마지막 승부〉라는 드라마가 많은 사람에게 큰 사랑을 받았다. 오랜 세월이 지나 슬램덩크가 재개봉된 적이 있다. 사람들은 슬램덩크를 보며 추억을 더듬었다. 나는 슬램덩크는 보지 못했지만 〈마지막 승부〉를 재미있게 본 기억이 있다. 농구가 드라마의 소재였다. 청순한 외모의 다슬이가 텔레비전 화면에 나올 때면 시청률이 꽉꽉 올라가곤 했다. 당시 농구 경기와 농구 선수들의 인기는 하늘 치솟는 줄 몰랐다. 단순히 만화로만 생각할 문제가 아니었다. 만화는 사람들의 감성을 자극하고 여러 곳에서 상승효과를 나타내고 있었다. 그러니 내가 어찌 만화에 대한 편견을 버리지 않을 수 있겠는가.

요즘 아이들은 유튜브에 빠져 있다. 텔레비전에 나오는 인기 있는 사람들, 아주 평범한 일상을 사는 사람들도 유튜버가 되어 개인 채널을 개설하고 구독자를 모은다. 어린이 채널을 운영하는 사람들은 유튜브 캐릭터로 만화책을 출간하기도 한다. 나의 둘째 아이도 유명 유튜버가 출간한 책을 시리즈별로 사들여 만화를 즐겨 읽는다. 아이들이 만화책을 보아도 이제는 절대 말리거나 반대하지 않는다. 만화를 생각하는 마음이 완전히 달라진 것이다. 공간이 없는 곳에서 주차한 차를 빼내려면 핸들을 좌우고 꺾어 바퀴를 돌리고, 전진과 후진을 번갈아 반복해야 빠져나올 수 있다. 어떤 일에 편견이 있으면 빠져나오기 힘들다. 전진과 후진을 수없이 반복하더라도 편견에서 빠져나와야 한다. 편견은 소리 없는 폭력일 수도 있으므로.

8

책은 내 마음의 안정을 책임져 주는 소울푸드

지우개로 지워도 지워지지 않는 것들이 있지. 작고 아름다운 것들.
요즘 그런 것들로 공백을 채워나가고 있어

- 「이어령의 마지막 수업」, 이어령 -

나라는 사람은 먹는 일을 굉장히 중요하게 생각하는 사람이다. 모든 일은 밥시간이 기준이 되고 밥시간을 어기며 하는 일을 좋아하지 않는다. 잘 먹기 위해 일하고, 맛있는 음식을 충분히 먹기 위해 끼니 때를 당기기도 한다. 먹는 기쁨이 없으면 무슨 재미로 살까도 싶다. 요즘은 남들 저녁 먹을 때에 한참 일하는 시간이라 때를 놓치고 늦은 저녁을 먹기도 한다. 학생들 다른 학원 시간표 이동으로 저녁 시간에 맞춰 퇴근하는 날이 가끔 있다. 언젠가 꿈처럼 사라져 버릴지도 모를 소중한 시간이다. 그런 시간이 주어진 날에는 맛난 음식을 먹으며 텔레비전을 본다. 깊이 생각하지 않고 눈도 즐기고 입도 행복한 시간이 되는 거다.

그날도 저녁 시간에 맞춰 퇴근한 날이었다. 남편이 미리 주문해 놓은 치킨을 먹으며 텔레비전 리모컨을 여기저기 돌렸다. 요즘 텔레비전 프로그램에는 유익한 다큐멘터리나 시사, 역사를 담은 좋은 콘텐츠가 많다. 대부분 스토리텔링 식으로 진행되어서 학생들에게 이야기해줄 때 꽤 쓸모가 있어 즐겨 보는 편이다. 채널을 돌리다가 〈일타 강사〉라는 프로그램에서 채널 돌리기를 멈췄다. 내가 좋아하는 김미경 강사가 나왔기 때문이다. 김미경 강사는 평생 공부 예찬론자이다. 진취적인 삶을 살고, 자신의 꿈을 이룰 수 있도록 어디서든 '으샤으샤' 힘을 주는 캐릭터다. 한참 아이들이 어리고, '내가 이렇게까지 해서 돈을 벌러 나가야 하나?'라는 생각이 들 때마다 김미경 강사의 강의를 듣거나 책을 읽으면 힘이 났다.

김미경 강사는 〈일타 강사〉에 나와 중년층과 노년층들에게 도움이 될 만한 강의를 했다. 40대가 되면 우울하고 힘들다는 말을 하는 경우가 많다. 김미경 강사는 40대가 힘들어하는 이유는 모든 희망이 현실로 드러나는 시기이기 때문이라고 했다. 내가 상상했던 일이 하나도 이루어지지 않은 결과를 실감하면 더욱 그렇다고 했다. 꿈을 위해 개인의 다름을 인정하면서 '나'를 준비할 것과 나를 끌어내리는 주변 사람들에게 '꾸준함'으로 보여줘야 한다고 말했다. 뒤늦게 시작하는 사람들은 '그들은 원래 잘했을 거야.'라고 스스로 '창의적 좌절'을 하게 되는데, 이것은 실력 차이가 아닌 시간차에서 오는 것이니 꾸준히 하는 게 중요하다고 했다. 김미경 강사는 스스로에게 묻고 답하는 방법을 구체적으로 제시했다. 여기에 답하는 또 다른 나를 '리얼 미(Real Me).'라고 하며 내 안의 '리얼 미'를 찾는 것이 중요하다고 했다.

많은 사람이 마흔을 기점으로 은퇴 시점을 생각한다. 요즘은 '퇴사'가 유행이라 젊어도 퇴사, 나이가 들어도 '퇴사'를 이야기한다. 김미경 강사는 김난도의 인생 시계를 빌려 수강생들의 현재 나이가 절대 늦은 때가 아님을 강조했다. 5~60대가 되면 마음 편하게 살아야겠다고 생각한다. 그런데 김난도의 시계를 보면 5~60대는 오후 2시에서 저녁 6시 사이다. 오후 2시는 아직 날이 환하고, 일과 중 무언가를 시작해도 늦지 않은 시각이다. 60대도 저녁 6시면 잠자기 시간까지 아직 많은 시간이 남았다. 내 나이를 김난도의 시계에 대입해 보니 나는 이제 오전 11시를 막 넘겼다. 오전 11시는 점심 먹기도 전인 시간이다. 40대인 나는 아직 젊고, 무엇인가를 다시 시작해도 절대 늦은 나이가 아니다.

이제 나에게 질문할 차례다. 나는 어떻게 살 것인가? 나는 내 인생에서 여행자가 되기로 했다. 하나의 목적만을 위해 살면 삶에 의미가 사라진다. 하지만 바꾸어 생각하면 목표 하나를 이루면 그 목표가 연결 고리가 되어 또 다른 꿈을 꿀 수 있다. 매일, 매달, 매해, 다른 꿈을 꾸면 많은 꿈을 이룰 수 있다. 무엇인가가 되지 않아도 된다. 하루하루 일어날 일들만 해결하며 살기에도 버거운 게 인생이지 않은가. 무엇이 되지 않아도 마음을 정리하고 다듬는 시간은 필요하다. 그 시간이 당장 돈으로 만들어지는 생산성으로 이어지지 않는다고 해도, 하찮은 시간 낭비라고 해도, 꼭 그런 시간이 필요하다.

정신을 다잡기 위해 단식하는 일을 만들기도 한다. 그건 잠깐의 시간 동안만 가능하다. 먹지 않고 살 수 없고, 살기 위해서 꼭 먹어야 한다. 영양을 섭취해야 생명을 유지하는 것처럼 정신 건강을 위해서도 먹어야 한다. 정신 건강을 위한 보약은 책을 읽는 거다. 책은 다양한 주제와 글감으로 사람들의 마음을 건강하게 한다. 원하는 대로, 좋아하는 부분을 마음껏 고를 수 있다. 마치 없는 게 없는 풍성한 뷔페의 상차림처럼 말이다. 나는 딱 정했다. 책은 나의 정서적 안정을 책임져 주는 소울 푸드라고.

4장

내 삶의
주인이
되게 하는

책 읽기

많이 읽었으니 이제는 써 보고 싶다

무엇이 다가오더라도 지금 이 순간의 것을 잡아라.
손을 멈추지 말고 계속 쓰기만 하라.

- 「뼛속까지 내려가서 써라」, 나탈리 골드버그 -

아침에 마시는 커피는 생존 커피에 가깝다. 팔팔 끓인 뜨거운 물에 커피 알갱이가 통통 튀며 섞이는 동안 은은하게 나는 커피 향이 몽롱한 아침잠을 깨운다. 커피를 한 모금 마시는 순간, 나의 하루도 시작된다. 아침에 일어날 때마다 '더 자고 싶다.', '조금만 더.'를 외치지만 정해진 시간에 일어나지 않으면 하루가 꼬인다. 책상에 앉아 커피 한 모금 마시며 게을러지고 싶은 내 안의 어린이를 달래야 한다.

그날을 정확히 기억한다. 2020년 8월 3일부터 매일 글을 쓰기 시작했다. 나의 '글벗'들과 매일 하루에 한 편씩 글쓰기를 하자고 다짐했더랬다. 호기롭게 호응했지만 매일 글쓰기는 쉬운 일이 아니었다. 글쓰기를 시작했던 날이 마침 여름휴가를 떠났을 때다. 마음을 먹었기에 가족과 함께 떠났던 휴가지에서 글을 썼다. 학생들의 글을 봐주고, 고치기까지의 과정을 도와주는 게 내가 하는 일이다. 그런데 내가 글을 쓰는 일은 정말 오랜만이었다.

'많이 읽었으니 이제는 써 보고 싶다.' 이 마음이 글을 쓰게 된 시작점이었다. 책을 읽는 건 매우 익숙한 일이었다. 남이 쓴 글을 읽고, 필사하고 내 마음에 담는 일까지 아주 오랜 시간 해오던 일이다. 어려울 게 없었다. 읽는 일은 이미 습관이 잡혀 있었으니 쉽게 여겼던 것 같기도 하다. 읽는 일이 익숙하니 쓰는 일도 비슷한 속도가 나겠지 생각했다. 하지만 그건 착각이었다. 첫 줄부터 막히기 시작했다. 컴퓨터의 하얀 화면에 커서만 깜빡거렸다. 잘하고 싶었던 것 같다. 명색이 글쓰기 선생인데 완벽하게 써야 한다고 생각했다. 그건 어리석은 생각이었다는걸, 시간이 지난 후에 깨닫게 되었다. 사람은 완벽할 수가 없는 건데 완벽을 기대하다니.

그냥 썼다. 아침에 일어나 아무 계산 없이 물을 끓이고 뜨거운 물에 커피를 녹이는 것처럼, 그냥 쓰기로 했다. '에세이'는 나를 드러내는 거다. 나를 드러내는 게 무척 어려웠다. 별것 아니라고 생각했던 나를 드러내는 일, 왜 어려웠을까? 나는 취약점이 많은 사람이었기 때문이다. 부정적인 감정들이 모든 감정을 지배해 내가 부족한 점을 스스로 인정하기 힘들었다. 솔직해지기로 했다. 취약성의 사전적 의미는 개인이 어떤 유형의 상황을 위협적이거나 해롭다거나 스트레스를 주는 것으로 반응할 준비를 하는 것을 말한다. 나의 무르고 약한 성질인 '취약성'을 그대로 드러내기로 했다.

한 달간은 생각나는 대로 문자를 찍는 수준이었다. 매일 한 편씩 쓰는 거에 의미를 두고 썼다. 처음에는 틀린 글씨 수정도 제대로 하지 않고 그냥 썼다. 그날 쓴 글은 글벗들이 모여 있는 온라인 카페에 올렸다. 부족하고 부끄러워도 어쩔 수 없다고 생각했다. 감사하게도 나의 글벗들은 부족한 내 글을 읽고 댓글을 달아 주었다. 틀린 문장이 있어도 틀린 것에 대해 지적하는 사람은 아무도 없었다. 매일 쓰는 것에 초점을 맞추었기에 부족한 점에 대해 지적하지 않은 글벗들이 고마웠다. 서로의 글에 장점과 단점을 말해 주는 것이 더 중요하다고 생각하는 사람도 있을 것이다. 하지만 꾸준하게 오래가기 위해서는 서로 응원하는 게 더욱 큰 힘을 발휘한다고 생각한다.

6개월쯤 지나니 쓰는 일이 밥 먹는 일처럼 익숙해졌다. 오늘 일어난 일 중에서 무엇을 쓰면 좋을지 고민했다. 일이 진행된 순서에 따라 쓰고 오늘을 기록했다. 어떤 때는 하루에 너무 많은 일이 일어나 글감을 고르기 힘든 날이 있는가 하면, 어떤 날은 어제와 비슷한 일들만 이어져 쓸 거리가 없는 날도 있었다. 똑같은 일상이 반복되니 하루에 특별한 일을 찾아내는 게 쉬운 일이 아니었다.

그렇게 또 1년이 지나갔다. 이제는 일상을 바라보는 내 눈이 달라졌다. 한 가지 일을 깊이 생각하게 되고, 그 일에 의미를 부여하는 일이 생겼다. 지나쳤던 일도 예사로 보이지 않기 시작했다. 쓰는 힘은 읽는 힘과 다르게 관찰하는 힘을 기르게 했다. 글쓰기의 가장 좋은 점은 오늘의 피로와 힘겨움을 털어 낼 수 있다는 거다. 어느 날부터인가 글벗들의 글을 만날 수 있는 온라인 카페는 나의 대나무 숲이 되어 있었다. 누구에게도 말하기 힘들었던 일을 글로 써서 글벗들과 함께 나누었다. 나의 글벗들은 그냥 지나치지 않고 위로와 응원을 해주었다.

매일 쓰는 일은 결코 쉬운 일이 아니다. 그냥 써 내려간다지만 에너지가 많이 소비되는 일이다. 내 마음에 있는 것을 꺼내 놓는 것을 두려워하지 않고 꺼내 놓으면 그다음은 충분한 응원이 따라왔다. 나에게 글 쓰는 시간은 내 안의 어린이를 충분히 달래는 시간이 되어 가고 있었다.

기록이 나를 돌아보게 하다

지금은 갖고 오지 않은 물건을 생각할 때가 아니야.
지금 갖고 있는 물건으로 뭘 할 수 있는지 생각해 보란 말이야.

– 「노인과 바다」, 헤밍웨이 –

　　매일 글을 쓴다. 책을 읽는 것만으로는 만족이 되지 않았기 때문에 시작한 일이다. 책을 열심히 읽었지만 흘려보낸 것들이 많다. 지나온 일들을 오래 기억하기 위해 쓰기도 했다. 사람의 감정은 시간이 지나면 무뎌지기 마련이라 그때의 기분과 느낌을 기록해 놓으면 내 삶의 진짜 주인이 되는 것 같다.

　　평일에 늦은 시각까지 일하고, 토요일 아침에도 일한 후 퇴근하면 몸이 녹초가 된다. 아이들의 치과 진료도 다녀온 토요일이라 더 힘들었다. '인생이 고되다. 진짜 힘들다.'라는 생각으로 소파에 벌렁 누웠다. 순식간에 잠이 들었다. 모자랐던 잠을, 빚 갚는 심정으로 몰아붙여 잤다.

꿈을 꾸었다. 꿈속에서 '강임순'(가명)이라는 이름을 애타게 찾았다. 그분에게 입금해야 하는데 아직 하지 못했다며 발을 동동 구르고 있었다. 꿈속에서 입금해야 할 기회를 다른 일로 자꾸 놓치고 있었다. 입금하려고 들어간 은행마다 줄이 길었다. 내 속은 타들어 갔고, 결국 '강임순'에게 입금하지 못하고 잠에서 깨어났다.

'강임순은 대체 누구지?' 몽롱한 상태에서 그 이름을 생각했다. 대체 누구길래 나는 그토록 그에게 입금하길 원했는지, 생각하고 또 생각했다. 문득, 떠올랐다. 그가 누구인지. 그는 나의 신혼집 주인 할머니였다. 신혼집을 구하러 다닐 때 전셋집을 구할 수 없을 만큼 돈이 부족했다. 월세를 구해야 했는데 월세 중에서도 조금이라도 더 싼 월세를 찾아다녔다. 발품을 팔다가 어렵게 집을 구했다. 당시 20년 정도 된 18평짜리 아파트였다. 그 집은 아파트 전체에서 월세가 제일 저렴한 집이었다.

사는 동안 벌레 때문에 많이 고생했다. 뒤쪽에 하천이 흐르고 있어서 늦가을이 올 때까지 모기가 많았다. 여름에 모기 잡느라 잠을 설친 적이 한두 번이 아니었다. 그래도 월세가 저렴했고 이 집이 아니면 우리 부부를 품어 줄 집이 없었기에 버티고 버텼다. 그 집에서 이사하기로 한 것은 첫아이를 낳고 나서였다. 기저귀를 가는데 아기 배 위에서 붉은 개미가 기어 다니는 게 보였다. 붉은 개미가 아기를 물 수도 있기에 더는 그 집에서 살 수가 없었다. 남편의 회사 사택 입주 신청을 했다. 운이 좋게 한 달 뒤에 이사할 수 있다고 했다.

이사를 결정하고 주인 할머니께 이사 가야 한다고 말씀드렸다. 주인 할머니는 새로운 곳에서의 시작이 오래도록 평안하고, 행복하기를 빌어 주었다. 아이에게 붙은 붉은 개미 때문에 도망치듯 그 집에서 나왔지만 신혼집은 몇 년 동안 가난했던 우리에게 따뜻한 보금자리였다. 그 언젠가 우리 손에 쥐게 될 내 집 마련의 꿈을 위해 열심 뛰어다니던 때였다.

나이가 들면 자연스레 몸에 주름이 생긴다. 살아온 세월을 증명이라도 하듯, 아로새겨진 주름을 볼 때면 '늙음'을 실감하며 초연해지기도 한다. 자신이 누린 삶의 바다에서 건져 올린 오랜 경험과 추억들이 때론 기쁨이 되기도, 때론 재앙이 되기도 했을 거다. 어른들은 자주 지금이 좋을 때라고 말을 하는데, 현재를 오로지 선물처럼 여기기에는 고단했던 고생의 기억들이 함께 떠올라 인정하고 싶지 않을 때가 많았다.

내가 강임순 할머니의 이름을 꿈에서 만난 건 어떤 의미였을까. 내 오랜 기억은 내 마음 깊은 곳에 기록되어 있었던 것 같다. 때론 큰 의미 없이 흘러갔던 일들이 가장 오래 남기도 한다. 불만을 가득 품고 잠들었던 어느 날 꿈속에서 지금보다 더 힘겹고 고생했던 기억을 소환했다. 그런 시절이 있었는데, 나는 왜 바쁜 일상을 고마운 줄 모르고 불평했을까. 내 잠재된 기억이 너는 이렇게 살았던 때가 있었노라고, 개구리 올챙이 적을 생각하라고, 경고하는 것 같았다.
　신혼 시절과 요즘의 나를 비교해 본다. 신혼 시절의 나는 불안한 직장과 월세를 내야 했던 집에 살았다. 출산을 고민해야 했고, 출산 후의 삶도 생각해야 했다. 앞으로의 일이 멀기만 했다. 요즘의 나는 어떤가. 두 아이를 낳았고, 아이들은 스스로 자기 일을 할 수 있을 정도로 많이 컸다. 월세로 고민하지 않아도 되고, 매일 일하러 나가 돈을 벌 수 있는 나만의 공간과 직장이 있다. 매일 책을 읽고 글을 쓰며 나를 성장시키는 일에도 노력을 게을리하지 않는다. 신혼 시절보다 더 나이가 들었지만 나이를 먹어 감에 따라 몸으로, 마음으로 얻은 것들이 많다.

비로소 나를 돌아보게 된다. 내 기억 속에 남겨졌던 기억이 기록처럼 두둥실 떠올랐다. 주말 늦은 오후, 실컷 낮잠을 잘 수 있는 것으로 행복할 수 있다. 삶이 조금 지치고 힘들다고 의연함을 잊어서는 안 되는 거였다. 종이에 기록하는 것만이 기록이 아니다. 내 몸이 기억하는 순간도 기록인 거다. 우리 부부가 평안하도록 빌어준 신혼집 주인 할머니의 오래된 염원이 나의 나태함을 꾸짖었다. 아주 많은 시간이 지나고 꿈에서 떠오른 이름이 반갑고, 멀고, 아득하다. 더 잘 살아가야겠다는 생각이 든다. 마음을 다지며, 튼튼하게.

3

마음을 달래기 위한 책 한 권

그저 쉼을 그 자체로 즐기는 것이다.
말랑말랑한 어깨를 하고, 느슨한 마음을 하고, 최대한 시간을 무의미하게.

- 「애쓰다 지친 나를 위해」, 서덕 -

결혼 후 내가 기댈 곳은 남편뿐이었다. 생활비가 모자랄 때도, 아이들이 아플 때도, 갑자기 큰돈이 필요할 때도. 그건 남편도 마찬가지다. 알음알음 언니들이 도와준 적도 있었다. 그러나 정작 내 마음이 완전히 기댈 곳은 오직 그의 어깨 하나였다. 결혼한 사람이라면, 어른이라면, 응당 그래야 한다고 믿었다. 급한 돈이 필요할 때도 우리 손에서 해결해야 하고, 양가 어른들과 주변 사람들에게는 도움을 청하면 안 된다고 굳게 믿었다. 그래서 더 힘들게 돌고 돌아 여기까지 온 것 같다.

　남편은 자주 아프지 않았다. 흔한 감기도 잘 걸리지 않는 편이었다. 남편 친구들은 다른 사람은 한 번씩 여기저기 부러져도 너는 절대 그런 일 없을 거라고 호언장담했다. 남편은 으레 그러려니, 나도 마음속으로 남편 친구들의 말에 장단을 맞추며 웃었다. 아이들과 내가 감기에 걸려 심하게 앓을 때도 남편은 그 안에서 굳건히 살아남아 우리의 간병인을 자처했다. 남편이 하는 간병이란 특별할 건 없었다. 아픈 나와 아이들보다 먼저 병원에 가서 우리의 이름을 예약하고, 다시 돌아와 우리를 태워 가는 일, 병원의 불편한 의자에서 단 1분이라도 덜 기다리게 하는 거였다. 집으로 돌아오면 그나마 먹을 만한 음식들을 배달로 주문해 주고, 먹고 난 잔여물들을 말없이 치워주는 일들이었다. 몸이 아프지 않을 때는 아무것도 아닌 일일 수 있으나 환자들에게는 더없이 편안함을 주는 도움이었다.

　그런 남편이 아팠다. 남편의 건강에 호언장담하던 사이 병은 남편 몸속으로 조용히 스며들고 있었다. 갑상샘암이었다. 사람들은 수술만 하면 금방 낫는 병이라고 했다. 효자암이라고 하는 사람들도 있었다. 나도 예전에 갑상샘암에 걸린 사람에게 그런 말을 한 적이 있었던가? 위로랍시고 그렇게 말한 적이 있는 것 같기도 하다. 그래서 벌 받은 건가 싶다. 눈물이 펑펑 났다. 나도, 남편도 열심히 살았을 뿐인데 왜 남편에게 병이 찾아온 것일까. 아무리 생각해도 나쁜 짓 하며 살지 않았던 것 같은데. 아닌가? 그런 적이 있었나? 눈물이 고장 난 수도꼭지처럼 펑펑 솟아올랐다.

"나 갑상샘암이래."

남편은 그 말을 옆집에 누가 이사 왔다고 얘기하는 것처럼 아무렇지도 않게 말했다. 눈물로 놀란 마음을 진정시켜야 했다. 눈물을 내어놓지 않고서는 감당할 다른 방법을 알지 못했다. 손에 든 사탕을 뺏긴 억울한 아이처럼 '악악' 소리 내며 우는 나를, 남편은 말없이 다독거렸다.

남편의 병은 정기적으로 받던 건강검진을 하고 알게 되었다. 대장 내시경을 받으려다가 남편이 예약한 날은 대장 내시경이 불가능한 날이라고 해서 갑상샘 초음파를 신청한 거였다. 갑상샘 쪽에 문제가 생길 거라곤 꿈에도 생각하지 않았다. 결과에서 모양이 이상하다며 재검진을 권유했다. 별일 아니겠지 했다. 결국 별일이 되어 돌아왔다. 마음이 꽁꽁 얼어붙은 것만 같았다.

남편이 수술하는 날은 빠르게 다가왔다. 학부모들에게 양해를 구하고 며칠 휴강했다. 수술 당일 밤에는 보호자가 옆에 있어야 했다. 남편은 양가 부모님께 수술 사실을 알리고 싶지 않다고 했다. 미리 알면 걱정만 하시니 우리 가족만 알고 있자고 했다. 어차피 모든 감당은 우리 부부의 몫이니 서로에게 의지할 수밖에 없다고 생각했다. 수술 당일에 내가 병원에서 밤을 보내야 하니 집에선 아이들끼리만 있어야 했다. 코로나가 한참 극성이었을 때라 다른 사람에게 잠시 와달라고도 할 수 없는 상황이었다. 이웃에 사는 친구들에게 아이들에게 일이 생기면 달려가 달라고 말해 두었다. 중학생인 큰아이가 동생 잘 돌보고 있을 테니 걱정하지 말라고 했다. 언제 이렇게 컸는지, 마음이 짠했다.

남편은 수술 날에도 덤덤했다. 남편보다 내가 더 떨렸다. 수술은 1시간 30분쯤 걸릴 거라 했다. 긴장되고 마음이 얼어붙어 무엇을 해야 할지 몰랐다. 갑상샘 수술은 반절제와 전 절제로 나뉜다. 두 쪽의 갑상샘 중 하나만 제거하면 반절제, 두 쪽 모두 제거하면 전 절제이다. 전 절제하면 치료를 더 오래 해야 한다. 의사는 수술 중간에 반 절제일지 전 절제일지 알릴 테니 전화하면 수술실 앞으로 와달라고 했다. 떨리는 마음을 누구에게라도 전화해 하소연하고 싶었다. 의사가 언제 전화를 줄지 모르기 때문에 그럴 수도 없었다. 오로지 혼자 그 시간을 견뎌야만 했다.

조금이나마 마음을 달래기 위해 책 한 권을 가져가 읽었다. 서 덕 작가의 『애쓰다 지친 나를 위해』라는 책이었다. 다시 뛰기 위해 쉬어야 한다는 작가의 말이 마음에 남았다. 느긋한 마음으로 잠시 쉬는 건 마음의 안정을 준다. 책을 읽으며 내 마음을 다독거렸다. 그래, 남편과 나는 잠시 쉬어가는 거다. 며칠의 쉼으로 우리는 더 나아갈 수 있다. 그렇게 가만가만 나의 마음을 쓰다듬었다. 꽁꽁 얼었던 마음에 조금씩 따뜻한 기운이 올라오기 시작했다.

2시간쯤 지나니 의사에게 전화가 걸려왔다. 수술실 앞으로 당장 뛰어갔다. 조직 검사할 부분이 많아서 수술이 길어졌다고 했다. 그 말을 들으니 가슴이 철렁 내려앉았다. 의사는 다행히 전이된 곳이 없어서 반절제로 마무리하겠다고 말했다. 곧 울 것 같은 눈을 하고 있으니 의사는 이제 걱정하지 말라며 내 어깨를 두드려 주었다.

남편은 수술을 무사히 끝내고 잘 회복했다. 지금은 정기적으로 검사를 받으며 건강을 체크하고 있다. 남편과 나는 얼었던 마음을 녹여 조금씩 온도를 높여가고 있다. 병이 잠시 찾아왔다 해도 일을 멈출 수는 없다. 건강을 잘 체크하며 살아갈 수밖에 없다. 남편은 자전거 타기 운동을 시작했다. 시간이 날 때마다 자전거를 타고 세상으로 나간다. 더는 마음이 얼지 않도록, 펄펄 끓어 넘치지 않도록, 적당한 온도를 지키며. 우리 부부는 그렇게 온전한 한 팀으로 살아가고 있다.

4

주저하는 마음을 성장시키는 일기

눈부신 황금으로 빛나는 글의 보물 창고는 먼 어느 나라의 화려한 거리에 있는 것이
아니고, 하늘에 걸린 무지개 너머에 있는 것도 아니고, 오직 걱정과 한숨과 웃음과
눈물과 고뇌로 얼룩진 나날의 삶, 나 자신의 삶 속에 있는 것이다.

– 「이오덕의 글쓰기」, 이오덕 –

매일 글을 써온 지 700일이 넘은 어느 날, 글벗들은 여태 쓴 글들을 모아 책을 내보자고 제안했다. 많은 글벗 중 책을 내고 싶은 신청자를 모집했다. 신청 날짜를 정해 두고 원하는 사람은 글벗 회장님께 신청하기로 했다. 그 말을 듣자마자 갑자기 내 심장이 두근거렸다. 내 이름이 찍힌 책이 세상에 나온다는 건 어떤 느낌일까? 많은 작가의 글을 읽어오면서 내 이름도 책 표지에 찍혀 있었으면 하며 소원했던 세월이 오래다. 이번이 절호의 기회였다. 하지만 현실은

눈코 뜰 새 없이 바빴다. 혹시 한다고 했다가 제대로 하지 못하면 어쩌지, 걱정이 먼저 앞섰다.

하루하루 살아가는 일이 바빠서 포기했던 많은 순간을 떠올렸다. '지금은 바쁘니까.', '지금은 아이에게 해줄 게 있으니까.' 나중에, 나중에. 많은 날에 내 꿈을 날려 보냈고, 미련이 남았다. 쌓여있던 결심을 실행으로 옮기지 않고, 내버려 두고, 다 잊었다고 생각했다. 하루를 해결하며 사느라 잠시는 잊었을지 몰라도 열정은 휘발되지 않고 남았나 보다. 마음속 깊은 곳에서 '해보자, 더 생각 말고 해보자.'라는 말이 불쑥 올라왔다. 그리고 책을 내는 것에 도전해 보기로 했다.

책 쓰기 도전자는 나를 포함해 다섯 명이었다. 매주 '줌'으로 모여 회의를 했다. 회의 때마다 한 주 동안 할 과제를 결정하고 다음 주에 진행 상황을 이야기하는 방식이었다. 책 쓰기 모임의 이름도 정했다. '작가 세움 프로젝트'. 작가를 세운다는 의미가 거대하고 멋있다. 그 안에 내가 들어가 있다는 것, 언젠가는 나도 작가로 세워질 거라는 희망이 꿈틀대는 순간이었다.

마음을 먹었다 해도 책 쓰기는 쉽지 않았다. 본업에 지장이 가지 않게 준비해 놓은 다음에야 다른 일을 할 수 있는 처지였다. '작가 세움 프로젝트'에 함께하는 글벗 모두가 같은 상황이었다. 나는 다른 사람들에 비해 진도가 더뎠다. 하겠다는 마음만으로 덤볐는데 책 쓰기에 마음을 쏟을 절대적 시간이 필요했다. 하루에 하나씩 차곡차곡 쌓아 남겨 놓은 글이 이미 730편을 넘어섰다. 글벗들이 적극적으로 나의 책 콘셉트를 잡아 주었다. '730일 동안 글쓰기'를 토대로 만들어 보기로 했다. 일단 730일까지 쓴 글까지 끊어 편집해 보기로 했다. 그 안에는 책을 읽고 쓴 감상문, 시를 읽고 쓴 글, 신문을 읽고 쓴 글 등이 섞여 있었다. 많은 글을 세 개의 주제로 나누어 편집했다.

경제 용어에 '무어의 법칙'이라는 말이 있다. 마이크로칩의 성능이 2년마다 두 배로 증가한다는 의미이다. 편집을 하다가 내 글도 점점 진화해 왔다는 생각이 들었다. 처음에는 어쭙잖은 생각과 표현으로 고쳐야 할 부분이 많이 보였다. 최근에 쓴 글일수록 손이 덜 가고 공감을 얻을만한 글이 되어가고 있었다. 쓰는 사람의 진정성을 독자가 느낄 수 있게 글을 써야 한다는 말을 들었다. 글에 진정성이 담기지 않는다면 독자가 공감할 수 없는 글이 되어 읽히지 않게 된다. 읽히지 않는 글은 작가에게 치명적인 마음의 상처가 된다. 내 마음에 느낌으로만 남아있는 감정들을 글로 남긴 많은 부분을 다듬고, 또 다듬었다.

730일이 넘는 시간 동안 단 한 번도 글쓰기를 놓은 날이 없었다. 사람들은 어떻게 그렇게 할 수 있느냐고 질문한다. 나는 무언가를 시작하기가 힘든 사람이다. 가끔은 무턱대고 용기 먼저 내기가 중요한데 그런 법이 없다. 끝까지 해내지 못할 생각이라면 시작도 하지 않는다. 그래서 무엇이든 시작이 힘들다. 그런데 한 번 마음먹은 일은 주변 사람들에게 큰 피해가 가지 않는 한 포기하지 않는다. 느리게 천천히 가더라도 끝까지 한다. 중간에 한 번 놓으면 영원히 놓게 될 나를 너무나 잘 알기에 중간에 포기하지 않도록 무던히 노력한다.

한동안 '극한 목표'가 유행했었다. 극한 목표는 '온 힘을 다해 겨우 잡을 수 있을 정도의 도전적인 목표'를 말한다. 직장에서 극한 목표가 경영자에게는 좋을 수 있다. 하지만 구성원에게는 스트레스가 될 수 있어서 위험해진다. 엄격한 방법으로 원하는 길에 이르면 목

적을 이룰 수는 있겠지만 사람을 질리게 한다. 목표는 있으되, 모호한 목표를 세우지 않기로 했다. 목표는 확실하고, 스트레스 받지 않는 선에서, 내가 하는 일에 지장이 없도록 매일 하는 게 나에게 맞는 방법이었다. 그래서 글쓰기도 한꺼번에 무리해서 쓰는 게 아니라 매일, 하루도 빠지지 않고 한다는 목표를 잡은 것이다. 하루에 하나라는 목표는 쉽고도 어렵다. 하나만 하면 된다는 건 편하고, 하나라도 하지 못하는 건 마음을 불안하게 했다. 그래도 하나를 채우기 위해 나의 하루의 한쪽을 남겨 두었다.

지나친 목표를 세우지 않고 하루에 하나씩 글쓰기는 하루만큼씩 나를 성장하게 했다. 주저했던 마음도 하루에 하나씩이었기에 가능했다. 하루가 쌓여 일주일이 되고 일주일이 쌓여 한 달이 되었으며 한 달이 모여 730일이라는 거대한 글 더미를 이루었다. 나에게 맞춰진 맞춤형 목표 설정으로 시작하여 약간의 노력만 더하면 이룰 수 있는 거였다.

730일 동안 글을 쓰는 동안 집념을 가지고 끝까지 글을 쓸 수 있었던 것은 글벗들과 남편, 아이들의 응원이 있었기 때문이다. 내가 글을 쓰다가 잘 모르는 부분이 있으면 글벗들에게 도움을 받았다.

글쓰기는 혼자서 하는 거라지만 주변 사람들의 배려와 도움은 내가 포기하지 않도록 도움을 준다. 남편과 아이들도 내가 글을 쓸 때는 나를 전혀 찾지 않았다. 나를 위한 큰 배려였다는 걸 안다. 지금 생각하면 그 부분이 정말 고맙다. 책 쓰기 제안을 받았을 때 나는 주저했다. 고마운 마음들을 딛고 어느 날 나는 원고를 마무리 지었다. 매일 글쓰기에 집착하여 쓴 글은 『아름다운 집착』이라는 책으로 출간되었다. 내가 성큼 성장하는 순간이었다.

5
걱정병 말기 환자의 자가 출판 오류 이야기

우리는 살아 있는 한 이런저런 문제를 피할 수 없이 만나게 된다. 그렇다면
문제들을 한 번에 없애는 방법이 아니라 문제들과 함께 잘 살아가는 방법을 찾는 것,
이것이야말로 근본적인 해결책인지도 모른다.

- 『마흔, 완전하지 않아도 괜찮아』, 박진진 -

끔찍한 밤을 보냈다. 잠을 잔다고 누워있었지만 반쯤 깨어 있다는
걸 느꼈다. 이유는 출간한 책 때문이었다. 2년 동안 쓴 글들을 모아
POD로 자가 출판을 했다. POD는 주문과 동시에 인쇄가 되는 방식
이다. 장점은 재고의 부담이 없다는 거고, 단점은 배송이 7일~10일
정도가 걸린다는 거다. 출간한 지 한 달이 지난 시점이었는데 나는
내 책을 구경도 하지 못했다. 지인들도 나의 출간 소식을 듣고 내 책
을 주문해 주었다. 지인들은 책이 올 때가 됐는데 아직 오지 않는다

며 하나, 둘 연락이 왔다. 초조해졌다. 문제가 생긴 걸까. 원래 POD
가 늦게 배송되는 단점이 있었으니 조금 기다리면 책이 도착하겠지
생각했다.

　보통 새벽 1시가 되어야 잠이 드는데 이상하게도 그날은 12시가
되지 않았는데 해야 할 일이 끝나버렸다. 나를 제외하고 다른 가족
들은 모두 잠들었다. 고요해지니 갑자기 책 생각이 났다. 교보문고
에 들어가 내가 출간한 책을 검색해 보았다. 내 책 이름을 클릭하고
들어가니 판매 종료가 눈에 띄었다. 판매 종료라니. 작가가 모르는
판매 종료가 있을까. 그때부터 오늘 밤 잠들기는 틀렸다는 걸 직감
했다. 밤 12시에는 이 문제를 해결할 방법이 없었다.
　그동안 출판사와는 메일로만 연락을 주고받았다. 늦은 밤이었지
만 메일로 현재 상황을 적어 보냈다. 늦은 밤이니 메일을 읽을 리 없
다. 잠을 자려고 눈을 감아 보지만 잠은 전혀 오지 않고, 걱정만 꼬
리의 꼬리를 물고 최악의 상황까지 상상의 나래를 펼쳤다. 극도로
긴장하거나 불안하면 손, 발이 차가워지는 편이다. 이번에도 어찌
할 바를 몰라 혼자 누웠다, 일어났다를 반복했더니 손, 발이 점점 차
가워져서 시리는 지경까지 갔다. 제일 무서운 건, 내 책을 주문한 지

인들에게 피해가 가는 것이었다. 남편이 일어나서 내 불안감을 좀 잡아 줬으면 좋겠는데 남편은 신나게 코 골며 자고 있었다. 내 속도 모르고 쿨쿨 잘도 자는 남편이 미웠다. 남편이 일어난다 해도 달라질 건 아무것도 없는데 괜히 심술이 났다.

조금씩 잠이 들었다가 깼다. 눈을 뜨면 3시, 또 눈을 뜨면 4시, 5시, 6시. 1시간마다 눈이 떠졌다. 자는지 말았는지 몽롱했다. 6시가 되자 벌떡 일어나 머리를 감고, 아이들 아침을 챙겼다. 아침에 바쁘게 움직이니 걱정이 사그라들었다. 7시가 되어 다시 출판사 편집장에게 메일을 보냈다. 너무 불안해서 잠을 이루지 못했다고 어떻게 된 일인지 빨리 알아봐 달라고 부탁했다. 곧 '읽음' 표시가 되었다. 그런데 아무런 대응이 없었다. 9시가 되기만을 기다렸다.

드디어 9시! 쏜살같이 내 책을 파는 인터넷 서점에 전화해 보았다. 상담원에게 책 이름을 대고 왜 '판매 종료'가 떠 있느냐고 물었다. 상담원도 잘 모르는 눈치였다. 출판사가 책을 넘겨주지 않았다는 둥 이상한 소리를 했다. POD 파일이 판매 서점으로 넘어가 주문까지 마친 상태인데 말이 안 되는 이야기다. 상담원과 전화를 끊고 편집장에게 전화를 걸었다. 편집장은 알아보겠으니 걱정하지 말라고 했다. 편집장은 예전에도 비슷한 경우가 있었다고 했다. 분명 서점 시스템에 문제가 있는 것 같다고 했다. 전화를 끊고 10분쯤 지나자 편집장에게 전화가 왔다. 서점이 지난달에 한 달 동안 시스템 정비를 했는데 POD와 전자책 쪽에 문제가 생겨서 지원이 안 되는 상황이란다. 서점은 책을 출고할 때 그 서점만의 스티커를 책 뒤에 붙이는데 그 스티커가 오류가 나서 오류가 뜨는 책들이 잠시 중단된 것이라고 했다. 내 책도 그 책 중 하나였던 거다. 제대로 돌아오기 위해서는 하루, 이틀이 더 걸릴 거라고 했다. 편집장은 책에 문제가 있는 게 아니라 서점 시스템에 문제가 있는 거니 조금만 기다리면 정상으로 돌아올 거라고 했다. 시스템이 제대로 돌아가면 전화로 알려주겠다고 나를 안심시켰다.

이제야 숨이 쉬어지는 것 같았다. 배송이야 하루, 이틀 미뤄져도 제대로 배송만 된다면 다행이었다. 지난밤, 잠을 이루지 못하고 스트레스를 극도로 받은 걸 생각하면 억울하기까지 했다.

"아름다운 집착으로 좋은 일 생기려나 보네. 이렇게 시작부터 액땜 제대로 하면 뒤에는 좋은 일 생기던데."

남편은 나를 위로하듯 농담했다. 남편의 말을 들으니 생각이 전환되었다. 시작부터 부정 탔다고 생각하면 더 찝찝했을 텐데 액땜 제대로 했다고 말해 주니 왠지 기분이 좋아졌다. 오늘 아침까지 불안에 떨던 나는 어디 가고 남편의 말에 히죽거린다. 걱정으로 수를 놓던 지난밤을 생각하면 웃음이 난다. 꿈보다 해몽이라고 남편은 걱정 때문에 병이 날 것 같은 마음을 사그라들게 해주었다. 남편의 긍정적인 말 한마디가 가끔은 걱정을 앓는 나를 치료해 주기도 한다. 늘 걱정을 사서 하는 나를 보고 남편은 늘 말한다.

"걱정병 말기 환자야."

이번에도 그 말을 듣고야 말았다.

내가 읽는 글은 오늘도 힘이 된다

허구는 삶으로부터 도피하기 위해 필요한 것이 아니라
삶을 지탱하기 위해 필요하다.

- 『인간으로서 사는 일은 하나의 문제입니다』, 김영민 -

일하는 엄마는 오로지 나만을 위해 쓰는 시간을 확보하기가 힘들
다. 일하는 시간과 아이들과 남편을 위해 움직이는 시간을 빼고 나
를 위한 시간은 이른 아침과 늦은 밤뿐이다. 요즘 새벽 기상을 하고
아침에 나만의 시간을 활용하는 사람들이 유행처럼 늘어나고 있다.
사람들은 SNS에 피드를 올리는 것으로 인증하곤 한다. '나도 남들
처럼 4시나 5시에 기상할 수 있을까?' 잠시 고민해 본다. 오래 고민
하지 않고 고개를 절레절레 흔든다. 그리고 오래된 일이 떠올랐다.

20대 시절이었다. 사이쇼 히로시의 『아침형 인간』이라는 책이 유행이었다. 사회 초년생이라 직장에서 적응하기도 바빴던 시절이었다. 직장만 다니기에는 젊음을 허비하는 것 같았다.

『아침형 인간』을 읽고 새벽 기상에 도전하기로 했다. 직장에 가기 위해 적어도 6시에는 일어나야 했었는데 책을 읽고 나서는 4시 30분에 알람을 맞춰 놓고 새벽 기상을 시도했다. 밤에는 12시쯤에 잠들었다. 6시에는 출근 준비해야 했기 때문에 4시 30분부터 6시까지 1시간 30분의 시간을 확보할 수 있었다. 45분씩 나누어 반은 중국어 공부를 하고 반은 책을 읽었다. 새벽 기상을 하며 많은 책을 읽었고, 중국어 실력도 늘었다. 스스로 하고 싶어서 하는 일이라 더 신났다. 새벽에 일어나 매일 책을 읽으니 틈이 날 때마다 읽었던 독서량보다 배로 더 많은 책을 읽을 수 있었다. 중국어 실력은 눈에 띄게 늘어난 건 아니었지만 알고 있는 내용이라도 완벽히 소화할 정도로 공부가 되었다. 회식과 회사 일로 더 늦게 잠든 날에도 새벽 기상을 멈추지 않았다.

1년이 지났다. 점점 몸에 이상 신호가 오기 시작했다. 감기에 걸리면 오랫동안 낫지 않았고 음식을 먹으면 자주 체했다. 면역력이 바닥을 치고 있었다. 감기가 낫지 않아서 이곳저곳 병원을 옮겨 다니며 치료를 받았는데 소용이 없었다.

어느 날, 출근하고 난 후부터 속이 메슥거리고 몸이 좋지 않았다. 급기야 속에 있는 것을 모조리 토하고 몸은 기진맥진해졌다. 도저히 버티기가 힘들어서 조퇴했다. 살던 동네까지 겨우 와서 병원을 찾았다. 의사에게 계속 감기가 낫지 않고 자주 체한다고 했더니 의사는 하루에 수면 시간이 몇 시간이냐고 물었다. 나는 4시간 30분쯤 잔다고 했다. 그때 의사가 나를 걱정스러운 눈으로 수면 부족이니 모든 걸 내려놓고 푹 자라고 했다. 수면이 부족하면 면역력이 떨어져서 건강에 이상 신호가 오니 당장 수면 시간을 더 확보하라고 나에게 경고했다. 처방해 준 약을 먹고 원 없이 잤다.

새벽 기상은 포기하고 출근 시간에 맞추어 알람을 설정해 놓고 잤다. 아침에 알람시계가 울려서 일어나니 6시였다. 10시간 넘게 잔 것 같았다. 좋지 않았던 몸이 한결 나아진 것을 느꼈다. 그때부터 나는 새벽 기상을 포기했다. 적어도 5시간 이상은 자려고 노력했다. 몸이 완전히 회복되었고, 감기에도 자주 걸리지 않는 몸 상태가 되었다.

　나는 이제 나를 너무 잘 안다. 적어도 5시간 30분 이상은 잠을 자야 다음 날 하는 일에 지장이 없다. 그래서 요즘도 유행하는 너무 이른 새벽 기상에는 동참하지 않는다. 요즘에는 12시 30분쯤 잠들어서 6시 20분에 일어난다. 적어도 5시간은 자려고 여전히 노력 중이다.

　요즘에도 일어나자마자 하는 일이 있다. 대학원에 들어가면서 함께 시작한 일이다. 그 일은 6시 30분이면 시작되는 새벽 신문 읽기에 참여하는 거다. 책을 읽는 것은 문학의 즐거움을 누리기에 좋았다. 더불어 시사적인 부분과 요즘 사람들이 관심을 가지는 부분은 어떤 쪽인지 알려면 신문 읽기가 가장 좋은 방법이었다. 혼자하기엔 꾸준하기가 힘들 것 같았다. 여기저기 찾아보다가 '새벽 신문 읽기 라방'을 알게 되었다. 주말을 제외하고 새벽 6시 30분이면 어김없이 시작한다. 리더가 신문 읽기를 시작하면 아침이 상쾌해진다. 항상 신나는 목소리로 시작하기 때문에 비몽사몽하더라도 정신이 바짝 차려진다. 새벽 신문 읽기에서 읽는 기사를 스크랩해서 워드로 작업해 두었다. 문서로 작업해 둔 기사는 학생들과 수업할 때 자료로도 활용하기 좋았고, 요즘에 사람들이 선호하는 부분에 대해서도 잘 알게 되어 도움이 되는 부분이 많았다.

예전처럼 새벽 4시 30분에 일어나 아침 시간을 많이 확보할 순 없었지만 나에게 맞는 시간과 적절한 방법으로 하루를 시작한다. 새벽 신문 읽기에서는 그날의 기사에 따라 분위기가 달라졌다. 우울한 기사를 읽으면 댓글로 서로의 상황을 위로했고, 기분 좋은 기사에는 환호하며 함께 기쁨을 나누었다. 마음의 온도를 조금씩 높이기에 안성맞춤이었다. 하나에 지나치게 몰입하지 않고 내가 할 수 있는 만큼만 시간을 투자하는 건 나를 지키며 나아가는 방법이다. 신문 읽기도 책 읽기와 더불어 나의 일상에서 앞으로 나아가는 힘을 주었다.

그날 읽은 신문은 문서로 정리되고 그 문서는 내 머릿속에서 이야기가 되어 나에게 오는 학생들에게 전해졌다. 학생들은 내 이야기를 듣고 세상에 대해 생각할 거리들을 나와 나누곤 했다. 기운 빠지는 신문 기사를 읽고 힘이 나지 않는 날에도 최선을 다해보려 한다.

내가 읽는 글은 오늘도 나의 하루를 여기저기 누비며 오늘을 버티는

힘이 된다는 걸 믿어 의심치 않는다.

7

나만의 공간에서 일상을 쓰고 마음을 맡긴다

공간은 사람을 이끌고, 머물게 하고, 느끼게 한다.
공간에는 '빈 공간 사이'이상의 의미가 있다.

― 「트렌드코리아2023」, 김난도 외 ―

책을 읽는 일은 그냥 좋아서 하는 거다. 스트레스가 쌓일 때도 마음에 맞는 책 한 권을 읽으면 금세 기분 전환이 된다. 책이 복잡한 마음을 가라앉게 해주는 역할을 하고, 쭈글쭈글해진 마음을 단단하게 펴 주는 역할도 한다.

나는 책 읽는 일을 직업으로도 삼고 있다. 좋아하는 일을 직업으로 삼으면 어떠한가. 스스로 질문해본다. 장, 단점이 뒤엉켜 장점이 단점을 조금씩 보완해 가고 있다는 걸 느낀다. 아무리 좋아하는 일이라도 싫은 부분이 분명히 있다. 좋아하는 걸 하기 위해서는 싫은 일도 적당히 해야 한다. 어쩌면 좋아하는 일을 하기 위해 싫어하는 일의 많은 부분을 감행하고 있는지도 모른다.

나는 '논술 선생님'인데 사실 '논술'이라는 말을 별로 좋아하지 않는다. '논술'이라는 단어는 딱딱한 느낌이 들고 왠지 입시와 깊은 관계가 있는 것 같아서 어지러운 생각이 든다. 사람들이 무슨 일을 하느냐고 물으면 '학생들과 책 읽고 글 쓰는 수업'이라고 말하기가 번거로워서 그냥 '논술 선생님'이라고 간단하게 말하는데 이 부분이 별로 내키지 않는다.

10년이 넘게 강사 생활을 하다가 지금 사는 집으로 입주하면서 방한 칸을 비워 공부방을 시작했다. 초등 과목과 논술을 병행하며 수업했다. 연차가 늘어날수록 학생들도 많이 늘어났다. 학생들이 수업하러 올 때 초인종을 누른다. 문을 개방하고 싶었는데 남편이 원하지 않았다. 초인종을 누르지 않으면 누가 왔는지 알 수 없기에 보안에도 문제가 될 수 있으니 아이들이 초인종을 누르면 문을 열어 주는 방식을 택했다. 방 안에서 수업하고 있으면 초인종 소리가 잘 들리지 않는다. 그러면 학생들이 올 때 문을 열어 주는 역할은 남편과 나의 아이들이 했다. 남편은 교대 근무를 하는 직업이라 집에 있는 일이 많았다.

아이들이 집에 없는 시간에는 남편이 문지기 역할을 모두 했다고 보면 된다. 야간하고 퇴근하는 날에도 어김없었다. 그게 스트레스의 원인이었는지 남편이 아팠다. 남편의 건강이 호전되고 나는 밖으로 나갈 결심했다. 남편은 반대했다. 밖으로 나가면 출, 퇴근으로 시간이 빼앗기고 지금도 할 일이 많은데 나가면 더 많이 바쁠 거라고. 공부방을 밖으로 빼면 우리 가족만의 공간이 생기는 거라고 남편을 설득했다. 반대했던 남편도 내 생각에 동의해 주었다.

동네 초등학교 앞에 작은 상가로 이사했다. 내 이름의 성을 간판으로 걸었다. 기존에 있던 학생들을 데리고 나가는 거여서 큰 부담은 없었다. 남편 말대로 집 안에서 출, 퇴근하다가 밖으로 왔다 갔다 하며 출, 퇴근하니 불편함은 있었다. 그런데 가족들에게는 평화가 찾아왔다. 집에 찾아오는 사람이 없고, 초인종 소리도 들리지 않으니 마음이 편하다고 했다. 남편은 초인종 소리가 들리지 않으니 야간 근무를 하고 와서도 푹 잘 수 있어서 좋다고 했다. 내가 집에서 수업할 땐 익숙해서 불편한 줄 몰랐는데 편안함을 누리고 나니 불편을 안고 살았던 것 같다고 했다.

가장 수혜를 입은 자는 나인 것 같다. 집에서 공부방을 할 때는 강사로 일할 때보다 주체적으로 일할 수 있어서 좋았다. 문제는 공간이었다. 공부방에 책은 점점 늘어가고, 아무리 정리해도 성에 차지 않았다. 상가로 나가니 좁은 공간이어도 방 한 칸보다 두 배 이상의 넓은 공간이 생겼다. 책도 마음껏 진열할 수 있고, 원하는 양만큼 수용도 가능해졌다. 더 큰 기쁨은 나만의 공간과 나만의 자리가 생겼다는 거다. 공부방을 했을 때는 가족의 공간과 내가 일하는 공간을 공유했어야 했다. 좁은 공간을 나누어 함께 사용해야 했고, 내가 일하는 게 가족들에게 모두 노출되니 불편한 점도 많았다. 사실 집에서 공부방 할 때는 불편한 줄 모르고 했었는데 나만의 공간으로 나와 일해보니 어떤 차이점이 있는지 확실히 알게 되었다.

나만의 공간이 생기고 글 쓰는 일에도 집중력이 생겼다. 아침에 집안일을 해놓고 오후 1시쯤 출근하면 늦은 밤까지 교습소에 머물러야 한다. 집에서 일할 때는 수업 후 잠깐씩 비는 시간에 집안일을 했었다. 그런데 이제는 나만의 공간에서 집중할 수 있는 다른 일을 하면 된다. 수업이 없을 때는 보통 '오늘의 글쓰기'를 한다. 불쑥 들어오는 사람이 없는 조용한 공간에서 나의 일상을 쓰고 마음을 맡긴다. 아주 작은 공간이라도 나만의 공간, 나만의 자리는 안락함과 편안함을 준다.

책 읽는 일을 좋아하는 나는 책 읽기를 직업으로 삼아 매일 책과 마주한다. 학생들과 책 한 권으로 나누는 재미는 꽤 쏠쏠하다. 아이들과 이야기를 나누면 어른의 생각에서 전혀 생각지 못한 아이디어를 얻곤 한다. 그래서 아이들에게도 배운다는 말이 무슨 말인지 안다.

책은 나에게 많은 걸 준다. 책을 읽으며 마음을 정화하고, 나의 돈벌이에도 큰 역할을 한다. 그리고 나만의 공간을 갖게 했던 일등 공신이기도 하다. 상가로 나오게 된 게 남편의 건강 문제가 가장 우선이긴 했는데 책을 둘 공간에 관한 이야기도 빠지지 않았다. 책을 좋아하는 마음으로 시작한 작은 날갯짓이 직업이 되고, 돈이 되고, 나만의 공간까지 마련해 준 것이다. 행복한 사람으로 살기 위해서는 깨알 같은 작은 기쁨들이 필요하다. 그런 의미로 나는 즐거움을 여러 모양으로 자주 느끼고 있다. 책을 통해.

8
아무렇게나 놓인 책에서 보물을 발견하다

글쓰기란 결국 내 속에 나만의 것으로 내장된 그 데이터를 끄집어내
정리하고 정돈하고 정련하는 과정이다.

– 「오늘부터 내 책 쓰기 어때요?」, 송숙희 –

첫 책을 낸 후에도 여전히 매일 글을 쓰고 있다. 책을 읽고 난 감
상문일 수도, 신문 기사를 읽고 난 후 내 의견일 수도, 시를 읽고 남
긴 글일 수도 있다. 정해진 건 없다. 책을 낸 후 달라진 건 글을 저장
하는 방법이 달라졌다는 거다. 예전에는 한 폴더에 구분 없이 '오늘
의 글쓰기'를 저장했다. 책으로 엮으려고 편집 과정에 들어가니 방
대하고 중구난방인 글들을 구분해 내는데도 꽤 많은 시간이 걸렸
다. 고생의 과정 끝에는 항상 어떤 배움이 남는다고 생각한다. 책을

내면서 얻은 배움들은 생각보다 많았다. 새로 알게 된 많은 것 중 분류하며 저장하기는 노동의 버거움을 덜어주는 일이었다. 훗날 귀찮고 번거로운 과정을 생략하게 해줘서 큰 일거리가 하나 줄어든다는 걸 알게 되었기 때문이다. 바꿔 말하면 나는 이미 고생과 고난의 과정을 겪었기에 이제 알게 된 거다. 세상에 공짜는 없다고 하더니 옛말 틀린 거 없다는 말을 실감한다.

신문 읽기를 하고 난 다음 30분 정도의 여유 시간이 있을 때가 있다. 30분간 오늘의 글감을 결정한다. 글감은 그때 읽은 책에서 생각하거나 신문 읽기에서 한 내용을 주로 고른다. 읽은 것들은 그냥 지나치지 않고 내 글의 자료가 된다. 그냥 써지는 건 없다. 무언가가 내 머릿속과 마음속에 들어와야 글로 이어질 수 있다. 30분 동안 글감을 정하고, 서두 부분만 간단하게 적어 둔다. 서두 부분을 적을 시간이 없다면 키워드만 적어 두거나 오늘 내가 쓰고 싶은 이야기들을 간단하게 몇 문장으로만 적어 컴퓨터 문서에 저장해 둔다.

아이들을 학교에 보낼 준비를 하는 시간은 다른 걸 생각할 여유가 없다. 아이들 아침을 챙기고, 학교에 데려다주면 시간이 훌쩍 지나 있다. 나의 경우 늦은 시각까지 일하는 날이 많아서 저녁은 남편이 아이들을 챙기는 편이다. 하루 중 아이들과 내가 대면할 수 있는 시간은 아침 시간과 아이들이 학원을 오고 갈 때 잠시 내가 일하는 곳에 들러 쉬었다 가는 시간, 아주 잠시뿐이다. 그래서 아이들을 챙겨야 하는 아침 시간에는 아이들에게만 집중한다. 아이들이 학교에 가고 나면 아침에 내가 해야 할 집안일들을 시작한다. 출근 전 남편과 아이들이 먹을 저녁 준비가 끝나면 점심을 먹고 출근한다.

일과가 정신없고 바쁘게 돌아가도 나만을 위한 시간은 있다. 아이들이 잠들고 난 뒤에는 집안이 매우 조용하다. 그럴 때 노트북을 켜고 아침에 정리해 놓은 글감과 마주한다. 내가 쓰는 글은 나만 감당할 수 있는 무게를 가졌다. 깜빡이는 커서에 글자를 꼭꼭 찍으면 오늘의 단어들이 모여 한 편의 글이 된다. 그러면서 나를 자세히 들여다보게 된다. 완성된 글에는 그날의 나의 감정이 고스란히 드러난다. 글로 들뜬 기분의 나를 맞이할 때도 있지만, 부아가 치밀어 오르는 감정을 누르지 못해 폭발하기 직전의 나를 마주하기도 한다. 글을 읽으며 마음을 다스린다. '이렇게까지 화낼 필요 없잖아?'라고. 그래도 그날의 감정은 그날의 나의 마음이기에 다시 쓰는 일은 없다. 어떤 기분이었든 순간의 느낌은 그때밖에 느낄 수 없는 거라 나중에 읽어 보아도 그때의 느낌이 되살아나곤 한다. 당장 글이 마음에 들지 않더라도 그런 묘미를 포기하고 싶지 않다.

내 감정을 글로 옮겨 놓고 다시 읽어 보면 내 감정을 객관화할 수 있다는 장점이 있다. 마음에서 일어나는 일을 감정으로만 느끼고 지나가면 그대로 지나가는 과정일 뿐이다. 내 감정을 객관화하는 시간을 가지면 쓸데없는 감정 소비를 덜 하게 되기도 한다. 잊어버릴 일은 빨리 잊어버리고, 다시 떠올려 상기시켜야 할 부분은 더 깊이 고민할 시간이 된다.

글을 쓸 때면 외로워지기도 한다. 그때는 해결 방법이 있다. 글벗들과 공유하는 인터넷 카페에 오늘 쓴 글을 올려두면 서로의 글을 읽고 댓글을 남긴다. 글벗들과는 몇 년 동안 글로 개개인의 자세한 상황을 글로 만나왔다. 오랜만에 만나도 어제 만난 사이처럼 서로의 근황을 잘 알고 있다. 나의 이야기를 일일이 나열하여 남에게 보여주는 게 창피하다는 생각이 들었다. 처음에는 남들이 보기에 부끄럽지 않은 글, 내가 잘한 일만 적곤 했었다. 시간이 지날수록 마음이 편안해졌다. 주변에 있는 사람들에게 할 수 없는 이야기를 적고, 글벗들에게 댓글로 위로받았다. 내 마음이 무너져 내릴 때는 글벗들이 전화를 걸어와 나를 격려해 주기도 했다.

글을 쓰는 시간은 하루 중 내가 가장 솔직해지는 시간이기도 하다. 종일 털어내지 못한 감정을 털어내고 나면 마음이 한결 가벼워진다. 글은 나의 경험이고, 나에게 비친 거울 같은 거다. 내 글이 타인의 마음에 영향을 미칠 수 없는 사소하고 시시한 것일지라도 나는 내 마음을 솔직하게 비친 것만으로도 만족스럽다고 말할 수 있다.

노트북을 열어 책상 의자에 앉기까지 많은 시간이 걸리는 날도 있다. 게으름이 슬슬 올라와 나를 지배할 땐 벌떡 일어나 힘을 내어 본다. 그날의 게으름을 글로 쏟아내어 본다. 그러면 신기하게도 글을 쓰며 마음이 벌떡 일으켜진다. 귀찮아서 몸부림을 쳤던 시간이 아무것도 아닌 일이 되어 버린다. 써 내려간 글의 끝에 다음의 일도 다짐한다. 글을 쓰는 일은 내팽개쳐진 마음도 데려와 자리에 앉히는 신묘한 힘이 있다. 글을 쓸 때 내 마음에 기댈 도구가 필요하기도 하다. 내가 글을 쓸 때 기대는 도구는 무엇일까 생각해 본다. 책상에 아무렇게나 놓인 책들을 여기 힐끔 저기 힐끔 뒤적거린다. 뒤적거린 책에서 오늘의 보물을 발견한다. 찾았다. 내가 글 쓸 때 기대는 도구, 바로 책이다.

5장

독서로

희망의
꽃을
피우다

1

엄마에게 받은 최고의 유산

함께 있으면 힘이 나고, 활력이 생기고, 열정이 생기고, 항상 '할 수 있다'는 말을 하는
사람과 시간을 보낸다면 마찬가지로 나는 그들을 닮아간다.

- 「실컷 울고 나니 배고파졌어요」, 전대진 -

'나의 읽는 욕구는 대체 어디서 온 것일까?'

문득 생각지 못한 질문이 불쑥 올라왔다. 대체 나는 왜 읽기에 많
은 시간을 쏟고 있으며, 읽는 일로 돈벌이를 하고, 그 직업을 사랑하
기까지 하는 걸까? 질문의 끝에는 엄마가 있다.

엄마는 매일 새벽 4시에 일어나 장사 준비하며 늘 고단한 사람이
었다. 외할머니와 함께하던 가게를 엄마가 이어받으며 엄마는 사장

님이 되었다. 식당 이름도 할머니가 지으신 그대로였다. 식당에 대한 애정은 있었어도, 그 식당이 엄마의 소유라는 욕심은 없었던 것 같다. 만약 소유할 욕심이 있었다면 엄마 마음에 드는 이름으로 바꾸었을 텐데 엄마는 할머니가 쓰시던 그 이름 그대로 아주 오래도록 장사를 했다.

엄마는 새벽 4시에 일어나 바쁘게 움직였다. 종업원도 없이 혼자 해내야 했다. 어느 날부터 저녁 장사는 힘에 부쳐 점심 장사만 했다. 그래도 새벽 4시에 일어나는 일은 계속되었다. 새벽 4시, 밤인지, 새벽인지, 시계를 보지 않고는 분간이 어려운 이른 새벽이다. 나도 아침형 인간을 해본답시고 4시 30분에 일어나 본 적 있다. 그건 쉬운 일이 아니다. 아무나 할 수 있어도 오래도록 지속하기는 어렵다. 무려 4시에 시작하는 엄마의 하루를 상상해 본다. 4시에 정갈한 옷차림을 한 엄마는 대상이 없는 기도를 시작한다.

"엄마가 기도 많이 하고 있어."

자식들에게 크고 작은 일이 일어날 때면 엄마는 늘 이렇게 말했다.

"누구한테 비는 건데?"

"빌면 누구라도 들어주겠지. 정성을 다할 뿐이지."

엄마는 새벽에 일어나 자식들의 안녕을 위해 불특정한 신에게 기
도했다. 아이를 낳기 전에는 엄마의 기도가 이해되지 않았다. 기도
하며 정성을 다할 뿐이라는 엄마의 말은 내가 결혼하고 아이를 낳고
서야 그 마음을 알게 되었다. 누구에게라도 빌고 싶었을 거다. 엄마
의 품 안에서 떠난 자식들이 엄마의 손길이 닿지 않는 곳에서 안전
하고 평안하기를 누구보다도 간절히 빌었을 거라는 걸 안다.

부지런한 기도를 올린 후 엄마는 장사 준비를 시작한다. 밥을 안
치고, 반찬을 만들고, 국을 끓인다. 오전 11시가 될 때까지 쉼 없이
분주한 시간을 보낸다. 엄마에게 전화하면 엄마는 자주 생선을 굽
고 있었다. 수화기 너머로 생선이 탈까 봐 안절부절못하는 엄마가
느껴져 안부만 짧게 묻고 끊는다.

엄마가 한가한 시간은 오후 3시부터다. 거센 파도처럼 들이닥친
손님들을 숙제 끝내듯 대접하고, 치우면 그 시간이다. 엄마는 여유

시간이 될 때 신문을 읽었다. 엄마가 항상 신문을 읽으니 그런가 보다 했다. 신문을 읽을 때는 항상 라디오를 틀어 두었다. 텔레비전보다 라디오를 즐겨 들었다. 바쁜 와중에도 엄마는 늘 무언가를 읽었고, 세상이 어떻게 돌아가는지 라디오를 통해 들었다. 보는 것보다 읽고, 듣는 것을 좋아했던 엄마였다.

바쁘게 지내던 엄마가 건강이 허락지 않아 식당을 그만두었다. 딱 일흔 살이 되던 해였다. 몸이 조금씩 고장 나기 시작하더니 급기야는 몸 여기저기서 문제가 있다고 폭탄을 터트리듯 팡팡 터졌다. 몸이 아프니 일을 더는 할 수 없었다. 엄마의 은퇴는 그렇게 갑자기 찾아왔다.

평생 일을 해온 엄마는 갑자기 넘쳐나는 시간을 감당하지 못할까 봐 걱정되었다. 외롭지 않다고, 무료하지 않다고 한다면 거짓말이다. 엄마는 엄마에게 주어진 공허한 시간을 책으로 달래기 시작했다. 엄마가 은퇴한 후 전화하면 항상 책을 보고 있다고 했다. 엄마가 병원에 오래 입원해 있을 때 박완서 작가의 책을 가져다준 적이 있다. 엄마는 박완서 작가의 책을 읽고, 책 내용이 마음에 든다고 했다. 나는 엄마에게 나에게 있는 박완서 작가의 책을 모두 가져다주었다. 엄마는 금세 그 책들을 다 읽었다. 한 번만 읽은 게 아니라 읽고 또 읽었다. 택배로 엄마에게 책을 보냈다. 내가 읽어 본 책 중에서 엄마가 읽으면 괜찮겠다는 책을 골라 보내기도 하고, 엄마 나이와 비슷한 작가들이 쓴 책을 보내기도 했다. 엄마는 최명희 작가의 『혼불』시리즈도 읽었다. 뭐든 보내 주기만 하면 단숨에 읽어 버렸다.

엄마 곁에 책이 있어서 정말 다행이다. 엄마는 책을 읽고 메모도 하고 간단한 생각 쓰기도 하는 모양이었다. 엄마의 노트에 무엇이 적혀 있을지 궁금하다. 엄마는 은퇴 후의 노후를 책 읽고 글 쓰며 보내고 있다. 엄마는 여유로울 때 실컷 읽고 싶다고 버릇처럼 말했었다. 돈이 많아서 풍요롭게 보낼 수 있는 형편은 안 되지만 엄마가 좋아하는 일 하나쯤 마음껏 할 수 있다는 게 다행스럽다.

나는 그런 엄마를 닮았다. 자식은 부모의 뒷모습을 보고 자란다는 말을 실감한다. 엄마는 식당 일하면서도 늘 읽는 모습을 자식들에게 보여줬다. 돋보기를 쓰고 무언가를 읽는 엄마의 모습이 익숙해서 그 습관이 나에게까지 이어지고 있는지 몰랐다. 엄마의 습관은 보이지 않게 조용히 쌓여 나에게 전달되었다. 나만 그런 게 아니라 언니, 오빠들도 책을 무척 좋아한다. 책 읽는 습관은 엄마가 나에게 물려준 최고의 유산이라고 생각한다. 내가 지금의 엄마 나이가 되어 돋보기를 쓰고 책을 읽는 상상을 해본다. 엄마가 물려준 최고의 유산은 지금도 그때에도 물 흐르듯 조용히 흘러 더 깊은 곳에서 바람을 일으킬 것 같다.

2

삶의 흉터를 치유하는 책 읽기

이미 지나간 것에 대한 결과는 겸허히 받아들이고 책임을 지되 지금부터는 자기에게
유리하도록 전환하면 됩니다. 혼자면 혼자여서 좋고 둘이면 둘이라서 좋은 삶을 사세요.

-『지금 여기 깨어 있기』, 법정 -

요즘은 코로나에 확진되어도 며칠 쉬면 낫는 병이라는 걸로 인식

한다. 주변에 안 걸려본 사람은 없을 정도로 코로나 확진된 경험이

있는 사람이 대부분이다. 그런데 처음 코로나가 우리 삶에 끼어들

었을 때 지금처럼 태연하기 힘들었다. 다른 지역에서 코로나 소식

을 들었을 때 그냥 먼 나라 이야기처럼 들렸다. 점점 코로나 확진 소

식이 가까운 지역에서 가까운 동네로 이어졌다. 급기야는 내가 사

는 동네에서도 드문드문 확진 소식이 들려왔다. 동네에서 확진 소

식이 들리면 어디에 사는지부터 캐묻고, 직장과 가족 사항까지 탈 탈 털렸다. 코로나라고 하면 모두 공포감을 느껴서 오히려 아픈 사람이 미안해해야 하고, 사과하는 분위기로 이어졌다. 지금 생각하면 어이없는 풍경이라도 그때는 모두 코로나로 겁에 질려 있었다.

나는 그때 집 방 한 칸에서 공부방을 하고 있었다. 휴강을 밥 먹듯하며 가다 멈추기를 반복하던 때였다. 내가 사는 집으로 학생들이 오는 거니 다른 사람들보다 코로나로부터의 위험에 더 많이 노출되어 있었다고 할 수 있다. 동네에 확진자 소식이 들려오면 나와 연관된 사람일까 봐 노심초사했다.

일주일 노동의 끝인 금요일 어느 날이었다. 나는 금요일에 가장수업이 많았다. 남편과 모닝커피를 마시며 든든하게 먹을 만한 점심 메뉴를 생각하고 있었다. 그때 내 휴대전화가 요란하게 울렸다. 학부모였다. 전화를 받자마자 학부모는 울먹이는 목소리로 아이가 코로나 확진이 되었다고 했다. 순간, 머릿속이 하얘지면서 손, 발이 덜덜 떨렸다. 함께 수업한 학생의 학부모에게 전화해야 했다. 나도 놀라서 몸이 휘청거렸는데 내가 해야 할 일은 또 해야 하는 거다. 숨을 고르고 학부모에게 전화를 걸어 함께 수업한 아이가 확진되었으니 빨리 검사를 받으라고 전했다. 다음은 나의 가족, 남편은 오후에 출근하는 날이었는데 휴가를 냈다. 아이들은 담임 선생님께 전화를 걸어 사정을 설명하고 조퇴시켰다. 가족 모두 선별 진료소로 가서 검사를 받았다.

검사를 받고 집으로 오는 길에 확진된 아이의 초등학교에서 단체 알림이 떴다. 코로나 환자가 생기면 해당 학년은 단체로 학교 운동장에서 검사받았다. 나의 가족들과 함께 수업한 아이들은 다음 날 음성 판정을 받았다. 그때 나는 빨리 백신 주사를 맞아서 자가 격리를 면할 수 있었다. 백신 주사를 조심스러워하던 분위기였는데 나는 많은 학생을 만나니 가장 먼저 맞아야겠다고 생각했다. 백신 덕분에 능동 감시 대상자가 되었다. 능동 감시 대상자는 일상생활을 할 수 있지만 검사를 세 번 해야 했다. 따가운 시선 때문에 어차피 바깥출입을 못 하는 상황이었다. 자가 격리 대상자가 되면 필요한 물품도 지원해 주고, 일하지 못한 기간 동안 경비도 계산해 주었는데 나는 자가 격리 대상자가 아니라 아무런 지원도 받지 못했다.

확진된 아이가 나의 논술 공부방에 다닌다는 소문은 순식간에 퍼

졌다. 동네 사람들은 확진된 아이의 학원과 가족관계 등을 파헤치고 입에 올리기 바빴다. 동네의 한 학원에서는 내 공부방 이름을 거론하며 해당 논술 공부방에 다니는 아이는 신속하게 연락하라는 내용을 단체 문자로 보냈다. 그 문자를 본 학부모는 그것을 캡쳐해 나에게 전송해 주었다. 확진자가 나의 딸이라는 이야기도 돌았다. 가장 힘든 사람은 아픈 아이와 그 가족들인데 사람들은 혹시나 본인이 피해를 볼까 봐 두려워했다. 모든 이야기가 가시가 되었고 그 가시는 그대로 나에게 상처가 되었다.

자가 격리를 2주 동안 하던 때였다. 자가 격리 대상자가 아니라도 내가 수업을 하거나 밖으로 돌아다니면 사람들이 불안해할 게 뻔했다. 그래서 2주 동안 자가 격리하는 사람과 똑같이 지내야 했다. 할 수 있는 게 책 읽는 일밖에 없었다. 집에 있는 책들과 전자책 앱에 있는 책을 번갈아 가며 닥치는 대로 읽었다. 책이라도 읽지 않으면 마음이 불안해서 견딜 수가 없었다.

새벽 4시. 갑자기 눈이 떠졌다. 자다가도 벌떡벌떡 일어났다. 불안한 꿈을 자주 꾸었다. 잠을 깨면 더는 잠이 오지 않았다. 명가수 양희은의 『그러라 그래』를 읽었다. 내가 20대 때 느꼈던 양희은의 모습은 뭔가 뾰족해 보이는 사람이었다. 마음에 들지 않는 사람이 있으면 말로 침을 꼭 찔러 분위기를 순식간에 엄숙하게 만들어 버리는 마력이 텔레비전을 뚫고 나올 것 같았다. 함께 텔레비전에 출연했던 연예인의 말에 따르면 양희은은 원래 강단 있게 할 말은 다 하지만 진심이 담겨있는 말을 한다고 했다. 그리고 늘 뒤에서 주변 사람들을 챙기는 따뜻한 사람이라고 했다. 그러고 보니 주변에 양희은을 따르는 사람들이 꽤 많았다. 『그러라 그래』 제목만 들어도 마음이 놓였다. 양희은의 특유의 목소리도 함께 들리는 것 같았다.

양희은은 오십 대가 되니 자신과 다른 기준에 대해 관대해졌다고 했다. 사람들이 자신의 마음에 들지 않는다고 평가할 수는 없다고 했다. 누가 이상한 짓을 해도 대수롭게 넘길 수 있는 마음의 여유가 생겼다고 했다. 주변 사람들의 진심 어린 말과 눈빛이 힘든 마음을 일으켰고 그 따뜻한 말 한마디가 안 보이던 길을 보이게 만들어 주었다고 했다.

생각해 보니 상처가 할퀴고 간 순간에도 나에게 전달된 많은 위로가 있었다. 그 따뜻함과 든든함을 생각하지 않고 불평만 늘어놓는 것 같아서 부끄러워졌다. 책을 붙들고 있으면서 편안함을 느꼈다.

양희은의 책에는 마음을 움직이는 말들이 많았다. 누군가의 강력한 말 한마디보다 때론 책 한 권이 주는 힘이 클 수도 있다. 사람들이 생각 없이 하는 말에 상처를 받아 흉질 지경이었지만 그 흉이 따뜻한 사람의 말들로 치유가 될 수 있다는 걸 믿어 의심치 않는다.

3

마음의 부적이 되는 책 읽고, 글쓰기

독립은 자신에게 힘을 부여해주는 일, 내면을 들여다보며
자기 세계를 확고하게 만드는 일이다.

– 「독립은 여행」, 정혜윤 –

나의 20대에 나는 회사에 맞지 않는 사람이라는 걸 알았다. 모두
자기 앞가림할 줄 아는 성인들이 모여 있는 곳이지만, 보이지 않는
규율과 원칙이 있었다. 충충시하를 절실히 느낄만한 분위기 안에서
나는 조금의 힘도 발휘할 수 없는 나약한 존재일 뿐이었다. 게다가
야근을 밥 먹듯 하는 회사에서 나의 전공과 아무런 관련이 없던 매
출 관련 업무를 하며 점점 시들어 갔다. 당시의 여자 월급으로 적지
않은 돈을 받고 있어서 모든 걸 박차고 나오기엔 아까운 생각이 들

었다.

'이 회사에 있는 동안 할 수 있는 걸 다 하고 나가자.'

금수저가 아니기에 퇴사 후의 돈벌이를 생각해야 했다. 퇴사를 위
해 공부를 시작했다. 회사 근처에 운전면허학원이 있었다. 점심시
간을 이용하여 면허도 땄다. 퇴근 후 저녁 7시부터 10시까지 일주일
에 두 번, 내가 사는 지역에 있는 대학에서 6개월 동안 '논술지도사'
양성 과정을 수강했다. 바로 이어서 또 6개월 동안 '독서지도사' 과
정도 공부했다. 최선을 다해서 그곳에서 빠져나올 궁리를 했다.

시간이 흘러 이제 준비가 되었다고 생각되는 시기에 과감히 퇴사
했다. 회사 다니며 공부했던 자격증과 관련 전공으로 논술 강사로
재취업할 수 있었다. 매출 관련 업무를 했던 회사보다 더 늦게 마치
는 일이 잦아졌는데도 전혀 스트레스받지 않았다. 내가 좋아하는
책으로 일한다는 게 신기하기만 했다. 신입 강사는 6개월 동안 매일
아침 교육을 들어야 했다. 교육을 들을 때는 선배 강사와 동료 강사
를 앞에 두고 시험 수업을 해야 했다. 창피를 당하지 않으려면 부지

런히 공부해야 했다. 10시부터 교육이 시작되었는데 나는 9시까지 출근해서 공부했다. 실수를 덜 하려고 무던히도 노력했던 시간이었다.

논술 수업을 해보니 초등학교에서 배우는 과목들을 내가 공부해야겠다는 생각이 들었다. 그래서 초등학생들이 배우는 전 과정을 다시 공부하기 시작했다. 학년마다 배우는 내용을 꿰뚫고 있어야 학생들의 답을 이끌기 쉽고, 수업도 원활하게 진행되었다. 2년간 일했던 논술 전문 회사를 그만두었다. 낮에는 초등학생 과목을 가르치는 학원에서 일하고, 저녁 시간에는 독서와 글쓰기를 가르쳤다. 논술과 초등 과목을 함께하니 학생들의 호응을 얻기가 굉장히 편해졌다. 그때부터 두 가지의 일을 병행하며 했다.

"논술이면 논술, 초등 학습이면 학습, 하나면 하지 왜 두 가지를 다 해요? 편견인지 모르겠지만 전문성이 없어 보여서요."

방 한 칸에서 공부방 할 때 어떤 학부모가 나에게 했던 말이다. 나에게는 논술 과목과 초등 학습 과목을 함께 하는 분명한 이유가 있었다. 그 학부모는 평소에도 은연중에 나에게 조언을 가장한 충고를 하곤 했다. 확고한 이유가 있었다고 해도 학부모가 가끔 던지는 말은 상처가 되었다. 언젠가는 초등 과목을 내려두리라는 생각은 늘 하고 있었다. 내가 하고 싶은 일은 논술 수업만 하는 거였다. 초등 학습 과목을 놓지 못하던 이유에 생계와 연관된 부분도 있었기에 쉽게 결정하지 못했다. 학부모가 '전문성'을 말할 때마다 언젠가는 그런 날이 올 거라고, 마음속으로 다짐했었다. 그 언젠가는 빨리 찾아오지 않았다. 아이들에게 아직 돈이 많이 들어가는 때이고, 갑자기 그만두면 나에게 오는 아이들에게 책임을 다하지 못하는 일이 되니 섣불리 결정할 게 아니었다.

다른 사람의 말에 휘둘리지 않고 느리게 가도 괜찮다고 생각했다. 내 상황에 맞게 가면 되는 거다. 남들이 하는 말에 신경 쓰지 말자. 수없이 되뇌었다. 나는 나의 상황이 허락할 때, 논술 전문 교습소로 확장하여 방 한 칸 공부방을 졸업하게 되었다. 책 읽기와 논술만 전문으로 가르치니 남들이 운운하던 '전문성'도 갖게 되었다. 생계를 위해 교과목을 가르치는 일을 했지만 그 경력도 헛되지 않았다. 내가 알고 있는 교과목에 대한 지식은 학생들의 경험 나누기에 많은 도움이 되었다. 학생들이 주제에 대한 경험을 이야기할 때, 자신의 경험과 연결하지 못할 때가 있는데 그때 교과서에 있는 내용을 꺼내 이야기를 하게 한다. 교과서에 나오는 내용은 같은 학년이라면 누구나 공감할 수 있기에 적재적소에 활용하기가 좋았다.

이제 학습에 관한 부분은 '코칭'하는 것으로 대신하고 있다. 신문 읽고 정리하기, 글쓰기, 책 읽기는 마음의 부적처럼 매일 하는 일이다. 누구의 말을 듣기보다 내가 할 수 있는 상황에 맞춰 나에게 맞게 진행하는 게 가장 마음 편하고 실수하지 않는 길이라는 걸 이제 나는 안다. 내 노력의 시간이 쌓여, 충분히 발휘할 수 있는 그날까지, 느려도 멈추어도 괜찮다.

4

SNS에 문장을 남기며 공감하다

독서는 '윤리적 훈련'에 도움을 줍니다.
윤리적 필요는 '하기 싫은 것을 애써 하는 것'과 연관 있기 때문입니다.

- 「사소한 것의 구원」, 김용석 -

우리 집은 2층이라 일명 '뷰'라고 불리는 베란다 풍경은 기대하지

않았다. 입주 때 공부방 할 생각으로 필로티(1층에 집이 없고 로비

만 있음) 2층을 분양받아서 뷰는 포기하고 입주했었다. 집과 일터를

분리하고 나의 일터로 사용했던 공부방은 딸들의 공부방이 되었다.

딸들이 너무 어릴 때부터 학원 강사로 일해서 아이들을 끼고 있으

면서 일해야겠다고 생각했다. 그래서 시작한 공부방이었다. 방문만

열면 출, 퇴근이 가능한 생활은 내가 강사로 일할 때보다 아이들에

게 안정감을 주었다. 불편함도 전혀 몰랐다. 지금은 집이 오로지 우리 가족만의 공간이 되었으니 가족만 누리는 특별한 공간, 집다운 집이 된 것이 만족스럽다.

　일하는 공간을 상가로 옮기고 집 안 분위기를 조금 바꾸고 싶었다. 입주 때 샀던 소파가 많이 내려앉아 바꿀 때가 되었다. 소파를 바꾸면 집 안 분위기가 좀 달라질 것 같았다. 우리 집은 안방에만 베란다가 있고 거실에는 베란다가 없는 확장형 거실 구조이다. 베란다 창이 남쪽으로 길게, 서쪽으로 좀 짧게, ㄱ자 모양의 '이면 창' 형태이다. 집이 좀 넓어 보이기 위해서는 서쪽 창으로 소파를 놓고 맞은편에 텔레비전을 놓으면 되었다. 입주 때는 그런 구조로 소파를 놓았었다. 아이들이 크니 4인용 소파도 좁게 느껴졌다. 가족이 누워있을 때 모두 소파에 겹겹이 엉켜 누워있으니 더 좁았다. 집이 좀 좁아 보이더라도 베란다 모양과 같은 ㄱ자 구조로 된 소파를 놓기로 했다. 즉시 실행으로 옮겼다. 소파를 크게 ㄱ자로 놓으니 생각지도 못한 일이 생겼다. 2층인 우리 집에도 뷰가 생긴 것이다. 남쪽에 놓은 소파 쪽에 앉으면 서쪽 창 뒤에 있는 논 풍경이 보이고, 논 뒤에는 산도 보였다. 산과 논, 그리고 하늘이 어우러져 2층인 우리 집에서도 충분히 멋있는 뷰를 감상할 수 있게 되었다.

금요일 고등부 학생들 수행평가를 함께 고민하고 글쓰기 지도를 해주느라 설명을 평소보다 많이 했더니 유난히 피곤한 날이었다. 토요일은 아침 일찍 수업이 있다. 수업을 마치고 커피를 한 잔 마셔도 피곤이 사라지지 않았다. 이럴 땐 좀 누워야 한다. 누워서 몸을 쉬어야 피곤이 좀 풀린다. 남쪽 창 쪽에 놓은 소파에 벌렁 누웠다. 남쪽 소파에 누우면 서쪽 창으로 산, 논, 하늘이 보인다. 아직 초록을 다 벗지 못한 논의 풍경을 눈에 흠뻑 담고 하늘을 보았다. 한껏 높아진 하늘에 하얀 구름이 곡선을 그리며 뭉쳐 있었다. 그리고 아주 천천히 흘러가는 구름을 한참을 바라보았다. 실제로 구름을 만지면 손이 젖지만 구름을 바라보기만 하니 뽀송뽀송 따뜻한 솜처럼 느껴졌다. 그리고 그 솜이 아주 천천히 바람을 타고 흘렀다. 구름이 길게 늘어뜨려졌다가 뭉쳤다가를 반복했다. 빵을 반으로 가르면 속에 듬뿍 담긴 치즈가 내가 움직이는 방향대로 늘어지듯이 구름도 바람이 움직이는 대로 수동적으로 흘러갔다. 말 그대로 '구름 멍'이다. '물 멍', '불 멍' 등 요즘은 아무 생각 없이 하나만 바라보며 시간을 보내는 '멍'이 사람들의 힘든 일상을 회복하게 한다. 나도 거기에 보태

'구름 멍'을 해본 것이다. 흘러가는 구름을 보고 있으니 스르르 눈이 감겼다.

그대로 잠이 들었다. 눈을 뜨니 2시간이나 지나있었다. '구름 멍'을 하며 맛있는 낮잠을 실컷 잤다. 자고 일어나니 '작가 세움 프로젝트'에 함께 참여했던 글벗들의 책이 택배로 도착해 있었다. 책을 읽었다. 책 만드는 과정을 함께 공유한 책들이라 더욱 애착이 갔다. 책을 읽으면 SNS에 인상 깊은 내용을 책 사진과 함께 올린다. 책을 읽고 SNS에 남긴 글들은 활용도가 높다. 무료한 시간을 달랠 때, SNS에 필사해 둔 걸 읽으면 무료함이 즐거움으로 바뀌곤 한다. 예전에 내 마음에 남았던 문장들이 시간이 지나면 또 다르게 다가온다. 그런 시간들은 나를 좀 더 성장하게 한다. SNS에 책을 소개하며 남긴 문장들은 비슷한 관심을 가진 사람들과 모이게 하기도 한다. 내가 읽은 책을 읽고, 좋았던 문장들을 다른 사람들이 읽고 많이 공감해 준다. 나도 다른 사람들이 SNS에 남긴 문장들을 보고 공감한다. 얼굴도 모르는 사람들이 책을 읽는다는 공통점으로 함께 공감하고 공감을 받는다. 오로지 좋아하는 마음만으로 누릴 수 있는 소박한 일들이다. '구름 멍'을 하며 눈의 피로를 풀었고, 글벗들의 책을 읽으며 마음의 피로를 풀었다. 글벗들의 책을 읽으니 함께 책을 만들기로 다짐하며 결의를 다진 일들이 주마등처럼 지나갔다. 글벗들의 책들도 정리하여 SNS에 올려두었다. 책에 관심 있는 많은 사람이 또 함께 공감해 준다.

　음식 맛의 기본은 소금이 결정한다. 짜게 먹는 사람은 좀 많이, 싱겁게 먹는 사람은 좀 작게, 음식의 맛을 소금으로 조절한다. 소금은 상하지 않아 오래 두고 먹을 수 있어 보관에 큰 신경을 쓰지 않아도 되는 장점이 있다. 나에게 책이 그런 역할을 한다. 오래 곁에 두고 삶이 싱거운 맛일 때도, 짠맛일 때도 책을 통해 삶의 맛을 조절한다. '구름 멍'처럼 아무것도 하지 않는 쉼도 필요하다. 하기 싫은 걸 억지로 해야 하는 일은 하고 싶은 일을 하기 위해 피할 수 없는 숙제와 같은 거다. 쉼이 있고, 글벗들의 책이 곁에 있는 날, 내 입맛에 딱 맞게 맛을 조절할 수 있는 소금 같은 날이었다.

5
글은 발견하는 힘을 길러준다

자신의 삶을 어떻게 가꿔 나가고 싶다는 꿈이 있는 사람은
자신이 삶을 스스로 책임질 줄 아는 사람입니다.

－『이미 어쩔 수 없는 힘듦이 내게 찾아 왔다면』, 글배우 －

집으로 택배가 자주 온다. 쇼핑할 시간이 부족하니 온라인으로 필
요한 물건을 주문할 때가 많다. 택배가 오면 가장 반기는 사람은 나
의 작은 아이다. 작은 아이가 일과를 끝내고 집으로 들어오는 시간
에 택배도 현관문 앞에 도착한다. 아이는 행복해하며 문 앞에 있던
택배를 한 아름 안고 집으로 들어온다. 비닐에 포장되어 온 물건은
손으로 조물조물 만져보며 어떤 물건인지 가늠해 본다. 아이가 필
요해서 주문한 물건은 신나게 뜯어본다. 그리고 다른 가족들의 물

건은 사진을 찍어서 택배가 도착했다고 알려준다.

이른바 우리 집의 택배 도착 소식 알림이 인 셈이다. 거실과 부엌 사이에서 크게 자리 잡은 식탁 위에 아이만의 방법으로 정리하고는 여러 가지 익살스러운 표정을 지으며 가족들에게 사진을 보낸다. '또 한 상 차렸군.' 일하다가 아이의 재미있는 표정과 택배 사진을 보면 절로 웃음이 난다. 아이는 식탁에 펼쳐진 물건만큼이나 푸짐한 기쁨을 준다.

집에 있는 식탁은 지금 사는 집으로 이사 왔을 때 산 거였다. 전에 살던 집에서는 아이들이 어려서 좌식 식탁을 사용했었다. 식탁이 거실에 있어서 식사 때마다 매번 음식을 담은 그릇을 쟁반에 담아 거실까지 이동했다. 식사 시간마다 동선이 길어 힘들었는데 아이들이 어려서 안전사고를 걱정하느라 불편함을 참으며 지냈다. 이사하며 꼭 입식 식탁을 사리라 마음먹었다. 가격과 크기를 따져보며 식탁을 선택했다. 식탁이 배달오던 날, 크고 넓은 자리가 생겨 좋았다. 식탁으로도 쓰고, 가족들이 앉아서 이것저것 할 수 있는 다양한 공간으로 활용할 생각이었다.

식탁을 사용하고 한 달쯤 지났을 때였다. 식탁의 중간 부분부터 조금씩 갈라지기 시작하더니 식탁 상판이 줄무늬가 그려진 것처럼 반으로 갈라져 버렸다. 밑에 긴 나무 막대가 받치고 있어서 무너지지 않았는데 받침대가 없었다면 그대로 무너졌을 거다. 당장 식탁 산 곳에 전화하고, 식탁의 갈라진 모습을 사진으로 찍어 보냈다. 가구점에서는 그 식탁은 재고가 없으니 다른 식탁으로 바꿔 주겠다고 했다. 큰마음 먹고 고심해서 산 식탁이었는데 똑같은 제품이 없다고 하니 아쉬웠다. 남편은 "우리와 그 식탁은 인연이 아니었나 보다."라고 말했다. 새로운 식탁을 골랐고, 새 식탁을 맞이했다. 그 식탁이 벌써 우리 집에 온 지 6년이 되었다.

가족 모두가 식탁에서 머무르는 시간이 많아서 식탁은 여기저기 까져 속내를 드러내는 꼴이 되었다. 아이들은 책상을 두고 자주 식탁에서 숙제한다. 특히 작은 아이는 식탁에서 자주 그림을 그린다. 아이의 꿈은 그림 그리며 글도 쓰는 작가가 되는 거다. 작은 아이는 거의 하루에 하나씩 그림을 그려 식탁 위에 올려놓는다. 아이가 좋아하는 연예인을 그릴 때도 있고, 같은 반 친구들의 사진을 보고 그릴 때도 있다. 요즘 아이들이 좋아하는 캐릭터를 그리기도 한다. 작은 아이처럼 나도 식사를 하는 일 외에 식탁에 앉는 일이 많다. 식탁에 앉아 책을 읽고 글을 쓴다. 나는 너무 조용하면 집중이 잘 안 된다. 그래서 텔레비전을 틀어 두고 소리 크기를 들릴 듯 말 듯 줄인다. 그럴 때면 혼자 있어도 혼자 있는 것 같은 느낌이 들지 않는다. 모두가 자는 늦은 밤 혼자 남아 글을 써도 혼자 깨어있다는 느낌이 들지 않는다.

식탁은 가족들을 한꺼번에 모이게 하는 기능을 한다. 각자의 일과대로 움직이다가 식탁으로 모이면 마주 앉은 가족의 얼굴을 자세히 들여다볼 수 있다. 아무렇게나 헝클어진 머리를 보고 오늘 많이 힘들었냐는 말을 건넬 수도 있고, 갑자기 솟아오른 아이 얼굴 뾰루지를 발견할 수도 있다. 식탁에 앉으면 시시콜콜한 마주함이 있어 좋다. 식탁에서 가족들의 오늘의 안녕을 짐작할 수 있고, 그 속에서 글감을 발견하기도 한다.

오늘도 아이는 학교에서 있었던 일을 식탁에 앉아 재잘거린다. 짝이 너무 말이 많아서 힘들다고, 한 달에 한 번 짝 바꾸는 날을 손꼽아 기다리고 있다고. 그러면 또 한 아이가 말을 한다. 그 친구가 말을 많이 해 줘서 어쩌면 학교생활이 외롭지 않은 것일 수 있다고. 짝이 갑자기 학교에 오지 않으면 심심해질 수도 있으니 지금을 재미있게 즐기라고. 그 말을 듣던 아이는 또 "아, 그런가?" 한다. 이런 사소한 일들이 또 글감이 된다. 매일 일어나는 일들이 글이 될 수 있을지 고민한 적이 많았다. 매일 글을 써 보니 일상도 글이 될 수 있다는 걸 알게 되었다. 똑같은 음식을 먹었다고 하더라도 겪는 날의 기분에 따라 글은 달라질 수 있다. 함께 하는 사람들의 감정도 늘 똑같은 게 아니므로, 아주 작은 일화도 글이 될 수 있는 거다. 스쳐 지나가는 감정들을 알아차리고 발견하는 일들이 글감이 되고, 글의 시작이 되는 거다.

글은 발견하는 힘을 기르며 나를 돌아보게 하고 나를 중심적으로 생각하게 한다. 나 중심적으로 사는 건 다른 사람에게 피해 주지 않는 선에서 내 삶에 선택권을 주는 것이다. 아이들의 대화를 들으며 내 아이들이 자신이 중심이 되어 사는 삶을 살았으면 좋겠다고 생각했다. 지금 누군가가 떠오른다면 그 사람은 나를 여태 나답게 살 수 있도록 나를 지켜준 사람일 것이다.

아이의 말처럼 현재 내가 느끼는 마음이 예전의 상황과 달라졌을 때 허전함을 느낄 수도 있다. 그래서 '있을 때 잘해.'라는 말이 생겼는지 모른다. 이곳저곳 상한 곳이 많은 낡은 식탁이지만 아이들과 즐거운 대화를 나눌 수 있는 이 자리가 있어 감사하다.

6

무던한 노력으로 최고가 되다

매일의 시간과 재능을 쏟아붓는 일의 의미를 찾는 건
우리에게 무척 중요한 일입니다.

- 『일 잘하는 사람은 단순하게 합니다』, 박소연 -

얼떨떨한 제의를 받았다. 수업할 때 쓰는 교재 회사에서 최우수 교실로 선정되었다고 인터뷰를 요청해 왔다. 집에서 공부방을 운영할 때는 최우수라는 타이틀이 필요하지 않았다. 밖으로 노출되는 게 아니었으니 더욱 그랬다. 교습소로 개원하면서 최우수 교실로 선정되었다는 소식을 듣고 이번에는 이 타이틀이 필요하다고 느꼈다. 최우수 교실로 선정되면 바깥에 붙일 수 있는 현판이 나오는데 교습소 앞에 붙여 놓으면 홍보에 도움이 되겠다고 생각했다. 며칠 기다리니 현판이 도착했다. 교습소 입구에 현판을 올려놓으니 어릴 때 상장을 받은 것처럼 벅찬 기분이 들었다.

첫 번째 현판을 받은 뒤, 딱 1년이 지났다. 또 최우수 교실로 선정되었다는 연락을 받았다. 첫 번째는 운이 좋게 선정되었을 수도 있겠다고 생각했다. 두 번째로 선정되었을 때는 '내가 잘하고 있는 건가?'라는 생각으로 우쭐한 마음이 들었다. 학부모들도 붙여 놓은 현판을 보고 누군가에게 인정받은 곳에 보낸 것 같다며 뿌듯해했다. 두 번째 현판을 받은 것으로도 충분한 보람을 느꼈다. 나만 최선을 다하면 되는 거지, 남들이 인정해 주는 게 뭐가 중요하냐며 쿨하게 생각한 적도 있었다. 막상 현판을 받고 보니 마음 깊은 곳에서 스멀스멀 기분 좋은 웃음이 실실 흘러나왔다. '칭찬은 고래도 춤추게 한다.'라는 말처럼 그때만큼은 한껏 신난 고래가 되었다.

최우수 교실로 선정된 것도 모자라 이제 인터뷰 신청을 받았다. 본사에서 보내 준 질문지에 내가 글을 적으면, 담당자가 편집하여 온라인에 올려 주는 방식이었다. 인터뷰를 요청받고 며칠 동안 아이들과 수업하는 모습을 사진으로 찍었다. 그리고 질문지에 정성스

럽게 글을 써 내려갔다. 질문지를 받았을 때는 어떻게 해야 할지 막
막했는데, 막상 글을 적다 보니 술술 나만의 이야기가 흘러나왔다.
매일 글쓰기를 실천한 경험도 큰 몫을 했으리라.

질문지에는 수업 방식과 학생들이 계속 늘어나는 비법을 묻는 게
많았다. 내가 수업하는 방식 그대로 적어 나갔다. 질문지에 답을 하
며 내가 그동안 어떻게 아이들과 함께 수업했는지 돌아보는 계기가
되었다. 제일 중요한 원칙은 학생들보다 책을 더 꼼꼼하게 읽는 거
였다. 당연한 일이지만 더 당연하게 열심히 읽고 분석했다. 그리고
학생들이 쓰는 글을 주제로 나도 글을 써 보았다. 그러면 아이들이
어느 부분에서 다음을 이어가기 힘든지 알게 되어 학생들에게 전달
하기가 훨씬 편했다. 내가 수업하기 좀 더 편한 방법을 택하느라 한
일인데 나를 위해 한 행동이 오히려 학생들에게 도움이 되는 상황이
된 것이다.

인터뷰 내용에 넣을 사진을 찍는다고 학생들에게 말했더니 아이
들이 더 신나 했다. 전국 사람들이 다 볼 수 있는 거냐며 신기해하기
도 했다. 무심결에 아이들과 사진 찍은 내 모습을 보았다. 활짝 웃고
있는 내 모습이 낯설 정도로 사진 속의 내 모습은 행복해 보였다. 아

이들과 책 읽고 이야기 나누며 글 쓰는 일이 나에게는 꽤 큰 행복이었다는 걸 느꼈다.

아이들과 함께 읽는 책에는 아이들의 맑은 눈이 담겨 있다. 이해하지 못한 장면과 재미있는 장면, 도저히 책장을 넘기기 힘든 부분까지도 그대로 책에 녹아내렸다. 나는 그런 행복들을 소복이 담아 내 마음에 간직한다. 그 행복은 소리 없이 내리는 눈처럼 아무도 모르게 점점 쌓여 가 나중에 눈치 챘을 때는 세상을 다 가진 듯, 들뜬 마음이 되곤 한다.

아이들에게 책 읽기 숙제를 내주며 절대 한꺼번에 많이 읽지 말라고 일러둔다. 매일 2~3꼭지씩 나누어 읽고, 내용을 정리하도록 연습하게 한다. 급하게 먹는 밥이 체하듯이 책도 급하게 읽으면 뒷장으로 넘어가기가 힘들어진다. 차근차근 하나씩 앞뒤 내용과 연결해 보며 읽는 게 중요하다.

나에게 오는 학생들은 이제 나의 책 읽기 파트너들이다. 학생들과 책을 읽으며 함께 성장해 나간다. 세상은 결과로 사람을 판단한다 지만 어떤 일하는 과정에서 좋은 경험치가 쌓인다는 걸 아이들에게 말해 주고 싶다. 이 부분을 아이들에게 늘 말하고 싶은데 아이들 앞에서 꼰대는 되기 싫어서 말을 아낀다. 터득의 힘은 한순간에 오지 않는다. 아이들이 평생 책을 좋아했으면 좋겠다. 아이들이 책을 묵묵하게, 날카롭지 않게 대하길 바란다. 하지만 그건 목표가 될 수 없다. 나와 아이들의 무던한 노력으로, 책을 싫어하지만 않으면 그것으로 되었다고 생각해야겠다.

이토록 이타적인 말들

글쓰기는 누구에게도 할 수 없는 말을 아무에게도 하지 않으면서
동시에 모두에게 하는 행위이다.

- 『열 문장 쓰는 법』, 김정선 -

『아름다운 집착』 출간 소식을 제일 친한 친구들에게 알렸다. 친구들은 모두 문학에 관심이 많다. 고등학교 때부터 문학을 전공한 친구들이라 모두 책의 중요성을 알고, 열심히 읽기도 한다. 미연, 지하, 은혜, 은진, 은숙, 나까지 이렇게 여섯 명이다. 친한 친구 여섯 명만 모여 있는 단톡방에 출간 소식을 알리고 친구들에게 축하도 받았다.

같은 친구들이 모여 있는 카톡 단톡방은 하나가 더 있다. 우리 여

섯 명과 고등학교 담임 선생님이 함께 있는 단톡방이다. 매년 스승의 날 즈음, 1년에 한 번씩 선생님을 찾아뵙는데 선생님은 가끔 좋은 글이나 음악이 있으면 단톡방에 올려 주신다. 며칠 전에는 우리가 들으면 좋겠다며 음악이 담긴 유튜브 영상을 올려 주셨다. 선생님께서 올려 주신 음악 영상은 계절의 끝자락에 있는 우리의 감성을 자극했다. 모두 음악을 감상하고 선생님께 감사 인사를 전했다. 한 친구가 선생님께 나의 출간 소식을 알렸다. 내가 전하기 민망할까 봐 나 대신 선생님께 말씀드린 것이다. 나는 책이 배송되면 선생님께 한 권 보내드리겠다고 말씀드렸다.

드디어 책이 배송되었다. 선생님께 드릴 책에 간단한 메시지를 적고 사인을 했다. 선생님께 실수투성이인 나의 첫 책을 보내드리려고 하니 살짝 두려운 마음이 들었다. 내가 어릴 때 선생님의 존재는 큰 그림자 같았다. 더군다나 선생님은 '국어과' 선생님이었기에 왠지 숙제 검사를 받는 기분이 들었다. 그래도 선생님께 약속했으니 택배를 보내야 했다. 우체국으로 가서 택배 상자를 사고 상자에 선생님께서 보내 주신 교육청 주소를 꾹꾹 눌러 적었다. 책을 상자에 담고 선생님께서 넓은 마음으로 내 책을 봐주시기를 바라는 마음도

상자에 담았다. 그리고 상자 입구가 벌어지지 않게 꼼꼼하게 테이프를 발랐다. 요금 계산과 동시에 책은 내 손을 떠났다.

택배를 보내고 선생님께 메시지를 보냈다. 선생님께 부족한 점이 많아서 죄송하다고, 완성도가 떨어져도 넓은 마음으로 이해해 주시길 바란다는 내용으로 보냈다. 선생님은 아이 키우면서, 일하면서, 책까지 쓰기 매우 힘들었을 텐데 그동안 고생 많았다고 격려하는 내용의 답장을 보내 주셨다. 선생님은 이미 나의 고충을 알고 계셨고, 부족한 점을 지적하기보다 내가 책을 내면서 힘들었을 과정을 걱정해 주셨다. '역시 어른은 다르구나.'라는 생각이 들면서 선생님께 부족한 걸 구중 들을까 봐 걱정만 했던 내가 어리석었다는 생각이 들었다.

선생님께 연락이 왔다. 책을 잘 받았다고. 바쁜 일이 끝나면 곧 읽어 보시겠다고 했다. 선생님이 당장 바쁘신 게 다행스럽다는 생각이 들었다. 매 맞는 것도 빨리 맞는 게 낫다고 하지만 선생님의 피드백을 계속 미루고 싶은 마음이었다. 나이가 들어도 선생님 앞에서는 자꾸 작아진다.

며칠 뒤 선생님께 문자가 왔다. 일이 일찍 끝나셔서 종일 내 책을 붙잡고 읽었다고 하셨다. 꼭지마다 감상을 말씀해 주셨다. 내 걱정과 달리 선생님은 책 내용을 내 일상으로 받아들이셨다. 한 꼭지씩 읽으시며 '고생 많았다.', '이럴 때 어떻게 버텼니?' 이런 말씀들로 책에 담긴 나의 고생을 보듬어 주셨다. 내 책을 읽으며 당연히 부족한 점을 눈치 채셨으리라. 하지만 선생님은 부족한 부분 중 단 하나도 말씀하지 않으셨다. 내가 매일 하루에 하나씩 글쓰기를 한다는 내용을 읽으시고, 지치지 않는 게 중요하다고 말씀해 주셨다. 어떤 작가들은 첫 책을 내고 나면 다음 책을 아예 내지 못하거나, 낸다고 하더라도 오랜 시간이 지난 후에 두 번째 책을 내는 경우가 많으니 질리지 않도록 조심하라고 하셨다. 부족한 부분을 지적하기보다 내 걱정이 먼저였던 거다.

부족한 점이 뻔히 보이는데도 모른 척하기가 얼마나 힘든 일인지 알고 있다. 엉뚱하게 흘러가는 행동에 기대에 가득 찬 상대방이 허무맹랑해 보이기도 한다. 위험한 일이 아니라면 조용히 들어주고 응원해 주는 게 훈수 한마디보다 나을 때가 많다. 허무맹랑하다는 기준은 나의 기준이기에 굳이 내 부정적 의견을 말할 필요가 없다. 나중에 내가 보기에 의미 없게 보였던 부분이 상대방의 성공으로 이어질 때도 많다. 그때 아무 말도 하지 않고 응원만 해준 게 다행이라 며 안도를 했던 적도 있다. 말은 내뱉으면 다시 주워 담을 수 없다. 선생님과 나눈 대화에서 또 하나 배웠다. 모든 일을 나를 중심으로 만 생각하지 말라는 것, 이타적인 말들은 사람에게 용기를 준다는 것을 말이다.

8

책을 펼치면 나를 향한 사랑이 시작된다

나와 함께해 주는 사람과의 시간을 소중하게 생각할 것.
지금 이 시간, 이 공기는 두 번 다시 돌아오지 않는다는 사실을 기억할 것.

- 「그래도 오늘은 좋았다」, 이민주 -

얼마 전 받은 건강검진에서 사랑니가 썩었다는 이야기를 들었다. 나는 치과가 너무 무섭다. 중학교 때 이가 썩어 치과를 간 적이 있다. 치과에 있는 도구들은 치료받는 동안 세상에서 받을 수 있는 모든 시림과 아픔을 느끼게 했다. 그 후로 치과라면 끔찍해졌다. 감기에 걸릴 때 내과를 찾듯이 치과도 이가 이상할 때마다 찾았어야 했는데 겁이 나서 그렇게 하지 못했다.

사랑니를 뽑아야 했다. 사랑니를 뽑는다고 하니 남편이 함께 가주었다. 치과에 가서 내 이름을 접수하고 잠시 기다리는데 엄청난 공포가 느껴졌다. 갑자기 화장실이 가고 싶은 것 같고, 다리에 힘이 들어갔다. 진료실 쪽에서 내 이름을 불렀다. 치료 의자에 앉았다. 의자에 앉으니 맞은편으로 보이는 큰 창밖으로 푸른 하늘이 보였다. 날씨는 왜 이리 좋은 건지, 현진건의 『운수 좋은 날』 속에 나오는 아이러니한 역설처럼 느껴졌다. 의사가 다가와 인사를 했다. 치료를 위해 의자가 뒤로 젖혀졌다.

"마취할게요. 조금 따끔합니다."

입안으로 얇은 철사 느낌의 마취 주사기가 들어왔다. 마취 주사가 닿은 쪽이 점점 부풀어 오르는 느낌이다. 그리고 감각이 없다. 의사는 내가 앉은 의자를 다시 세우더니 마취가 될 때까지 잠시 기다려 달라고 했다. 창밖으로 푸른 하늘 밑에 자리 잡은 산이 멀리 보인다. 무심하게, 가만히, 겁먹은 나를 위로하는 것 같았다.

"사랑니 발치하겠습니다."

입안으로 작은 기계가 들어와 공사 현장에서나 들을 법한 소리를
내었다.

"이가 잇몸 속에 살짝 묻혀 있어서 조금 아플 겁니다."

어릴 때 밭에서 고구마를 뽑아 보았던 느낌으로 의사는 이리 흔
들, 저리 흔들 양쪽으로 이를 흔들더니 이를 쑥 뽑아내었다. 땅에 단
단한 뿌리를 내린 고구마를 뽑아 들어 올릴 때의 느낌, 딱 그 느낌
이었다. 발치는 순식간에 끝나버렸다. 빠진 사랑니는 엄지손톱만큼
작다. 이 뽑은 자리를 봉합하고 진료가 끝났다. 데스크에서 가서 진
료비를 계산하고 처방전을 받았다.

치과에서 나오니 남편이 차 안에서 기다리고 있었다. 약국에 가서
처방전을 내밀었다. 약국은 한산했다. 약사는 금방 약을 지어 나왔
다.

"안 아프더라도 약을 끝까지 먹어야 합니다. 항생제가 있어서 내
성이 생길 수 있거든요."

푸근한 인상인 약사는 친절한 목소리로 말했다. 아직 마취가 풀리지 않아서 아프지 않고 얼얼하기만 했다. 집 냉장고가 텅텅 빈 것이 생각이 나서 장을 보고 들어가기로 했다. 마침 차에 큰 장바구니가 두 개가 있었다. 장바구니 두 개에 가득 담길 정도로 먹거리를 넉넉하게 사고 집으로 돌아왔다. 남편과 아이들은 점심을 먹었지만 나는 마취가 풀리기 전까진 아무것도 먹지 못했다. 아무런 식욕도 느껴지지 않고 무기력해졌다.

점점 마취가 풀리는 느낌이 들었다. 그리고 아프기 시작했다. 커다란 몸에서 그 작은 사랑니 하나 빠졌다고 온몸이 아프다. 피가 멈출 때까지 기다려야 해서 입에 문 솜뭉치를 뺄 수 없었다. 마취가 풀리니 이가 빠진 쪽이 불편하고 욱신거렸다. 삶은 사랑니를 뽑는 과정과 비슷하지 않나 생각했다. 무엇을 이루어 내기 위해 최선을 다하고, 이런저런 일들로 마음에 상처가 난다. 마음을 실컷 앓고 나면 그 아픔을 딛고 더 성숙한 사람이 된다.

이가 아프면 치과에 가서 도움을 받아야 하듯 지치고 힘들 때 책의 도움을 받았다. 묵직한 괴로움의 뿌리가 온몸을 감쌀 때, 무심결에 읽은 책 한 줄이 괴로움의 뿌리를 뽑아내 주었다. 이런 경험을 얼마나 많이 했던가. 책은 내 삶의 위로 그 자체였다. 물론 책만이 그 위로의 역할을 다하진 않았다. 남편과 아이들, 그리고 친구들과 글벗들이 함께했다. 많은 사람 속에 둘러싸여 있는 건 아니지만 내 곁에 있는 사람들은 때마다 나에게 충분한 사랑과 위로를 해주었다. 내가 읽은 책들의 작가들과 가족, 지인들은 내 삶을 단단하게 세워 준 사람들이었던 거다.

오래도록 이어져 온 인연을 사랑니 뽑듯이 뽑아 버리고 마음 앓이를 한 적도 많았다. 나에게 좋은 사람이었다가, 때로는 멀어져 간 사람들, 이제는 더는 인연이 아닌 사람들은 곧 잊혔다. 바다에 크고 작은 파도는 휘몰아치다가도 아무 일 없었다는 듯 잔잔해진다. 사람 사는 일도 그런 바다를 닮지 않았나 생각한다. 사랑니를 뽑고, 이가 빠진 빈자리에 아픈 상처가 남았다. 시간이 지나면 새살이 돋으며 평온이 찾아오리라. 욱신거리는 아픔을 달래려 또 책을 펼친다. 그건 나를 향한 사랑이다.

참고도서

1. 『살며 사랑하며 배우며』, 레오 버스카글리아, 홍익출판사, 2018.

2. 『잘 될 수밖에 없는 너에게』, 최서영, 북로망스, 2023.

3. 『아름다운 나의 할머니』, 심윤경, 사계절, 2022.

4. 『마흔에 읽는 니체』, 장재형, 유노북스, 2022.

5. 『오늘도 네가 있어 마음속 꽃밭이다』, 나태주, 열림원, 2019.

6. 『약간의 거리를 둔다』, 소노아야코, 책 읽는 고양이, 2016.

7. 『여덟 개의 모자로 남은 당신』, 박완서, 도서출판 호암, 1994.

8. 『출근하지 않아도 단단한 하루를 보낸다』, 김은덕, 백종민, 어떤
책, 2021.

9. 『실천독서』, 이향남, 북포스, 2018.

10. 『매일 읽겠습니다』, 황보름, 어떤책, 2017.

11. 『괴테가 읽어주는 인생』, 요한 볼프강 폰 괴테, 흐름출판, 2014.

12. 『생각독서』, 김경진, 프레너미, 2019.

13. 『오늘, 행복을 쓰다』, 김정민, 북로그컴퍼니, 2015.

14. 『사춘기 대화법』, 강금주, 북클라우드, 2014.

15. 『무례한 사람에게 웃으며 대처하는 법』, 정문정, 가나출판사, 2018.

16. 『다정한 매일매일』, 백수린, 작가정신, 2020.

17. 『이 정도 거리가 딱 좋다』, 황보름, 뜻밖, 2020.

18. 『가난해지지 않는 마음』, 양다솔, 놀, 2021.

19. 『즐거운 거짓말』, 임창아 시집, 문학세계사, 2017.

20. 『책만 읽어도 된다』, 조혜경, 좋은습관연구소, 2022.

21. 『실패를 사랑하는 직업』, 요조, 마음산책, 2021.

22. 『독서의 기쁨』, 김겨울, 초록비책공방, 2018.

23. 『지금은 나만의 시간입니다』, 김유진, 토네이도, 2021.

24. 『이어령의 마지막 수업』, 이어령, 열림원, 2021.

25. 『뼛속까지 내려가서 써라』, 나탈리 골드버그, 한문화, 2018.

26. 『노인과 바다』, 헤밍웨이, 민음사, 2012.

27. 『애쓰다 지친 나를 위해』, 서덕, 넥스트북스, 2019.

28. 『이오덕의 글쓰기』, 이오덕, 양철북, 2017.

29. 『마흔, 완전하지 않아도 괜찮아』, 박진진, 애플북스, 2020.

30. 『인간으로서 사는 일은 하나의 문제입니다』, 김영민, 어크로스, 2021.

31. 『트렌드코리아2023』, 김난도 외, 미래의 창, 2022.

32. 『오늘부터 내 책 쓰기 어때요?』, 송숙희, 알에이치코리아, 2020.

33. 『실컷 울고 나니 배고파졌어요』, 전대진, 넥서스BOOKS, 2020.

34. 『지금 여기 깨어있기』, 법정, 정토출판, 2014.

35. 『독립은 여행』, 정혜윤, 북노마드, 2021.

36. 『사소한 것의 구원』, 김용석, 천년의 상상, 2019.

37. 『이미 어쩔 수 없는 힘듦이 내게 찾아왔다면』, 글배우, 강한별, 2020.

38. 『일 잘하는 사람은 단순하게 합니다』, 박소연, 더퀘스트, 2019.

39. 『열 문장 쓰는 법』, 김정선, 유유, 2020.

40. 『그래도 오늘은 좋았다』, 이민주, 비사이드, 2018.